# ĀSANA WHY & HOW ?

O. P. TIWARI

# आसन क्यों और कैसे ?

लेखक

**ओमप्रकाश तिवारी**

**कैवल्यधाम**

स्वामी कुवलयानन्द मार्ग, लोनावला,

जिला पुणे - ४१० ४०३, भारत

**KAIVALYADHAM**

Swami Kuvalayananda Marg, Lonavla,

Dist. Pune - 410 403, INDIA

| | | |
|---|---|---|
| प्रथम प्रकाशन | - | दिसम्बर १९८४ |
| FIRST EDITION | - | DECEMBER 1984 |
| द्वितीय प्रकाशन | - | जनवरी १९९१ |
| SECOND EDITION | - | JANUARY 1991 |
| तृतीय प्रकाशन | - | जनवरी २००० |
| THIRD EDITION | - | JANUARY 2000 |
| चतुर्थ प्रकाशन | - | अप्रैल २००० |
| FOURTH EDITION | - | APRIL 2002 |
| पञ्चम प्रकाशन | - | मई २००० |
| FIFTH EDITION | - | MAY 2005 |
| षष्ठम् प्रकाशन | - | मई २०११ |
| SIXTH EDITION | - | MAY 2011 |
| सप्तम प्रकाशन | - | दिसम्बर २०१५ |
| SEVENTH EDITION | - | DECEMBER 2015 |
| अष्टम प्रकाशन | - | अप्रैल २०१८ |
| EIGHTH EDITION | - | APRIL 2018 |
| नवम प्रकाशन | - | मई २०२३ |
| NINTH EDITION | - | MAY 2023 |
| दशम प्रकाशन | - | फरवरी २०२४ |
| TENTH EDITION | - | FEBRUARY 2024 |
| एकादशम् प्रकाशन | - | मई २०२६ |
| ELEVENTH EDITION | - | MAY 2026 |

**ISBN : 81 - 89485 - 36 - 9**

Price :
INDIA - ₹ 700/-
FOREIGN - $ 22/- (U.S.)

Published by :
**O. P. TIWARI** (Secretary)
Kaivalyadham, S.M.Y.M. Samiti, Lonavla,
Dist. Pune 410 403, Maharashtra, INDIA

Printed by :
**ACE Enterprises**
137/A, Paud Road, Madhu-Raj Nagar,
C1-6 & 25, Kothrud, Pune 411038, (MS)

REV. SWĀMĪ KUVALAYĀNANDA (1883-1966)

## *Message of Yoga*

*"Yoga has a complete message for humanity. It has a message for the human body. It has a message for the human mind and it has also a message for the human soul. Will intelligent and capable youth come forth to carry this message to every individual, not only in India but also in every other part of the world ?"*

*- Late Swami Kuvalayananda*

## *About the Author*

**Om Prakash Tiwari** is Secretary General of Kaivalyadhama Yoga Institute, and one of the world's leading authorities in Pranayama. Shri. O. P. Tiwari is the direct disciple of late Swami Kuvalayanandaji, founder of Kaivalyadhama, the world's pioneer institute in the field of scientific research in yoga. One of six students studying directly under Swami Kuvalayanandaji, Tiwariji had direct exposure to not only the philosophical and practical aspects of Yoga but also the scientific research that was being propagated by his teacher. He is a member of the Governing Body of the Central Coucil of Research in Yoga and Naturopathy under the Ministry of AYUSH, Government of India. Tiwariji's role as an administrator and policy maker is parallel to his role as a teacher. In 1975, he attended his first International Conference on Yoga and Mental Health in Chicago. Following this, he was invited to hold his first international Pranayama workshop in France in 1983. For the past thirty years since, he has been traveling globally to teach Pranayama. He regularly travels to China, Thailand, Taiwan, France, and the United States for workshops.

In total, Tiwariji has more than fifty years of experience in Yoga therapy, teaching and policy. He has dedicated his life to the practice, teaching and promotion of Yoga throughout the globe. His goal is to selflessly pass on the deep philosophical and scientific understanding as well as practice of Yoga.

# विषय सूची

## CONTENTS

| | पृष्ठ संख्या<br>PageNo. |
|---|---|
| सप्तम संस्करण का प्राक्कथन ..... ..... ..... | x |
| Preface to the seventh edition ..... ..... ..... | xi |
| प्रथम संस्करण का प्राक्कथन ..... ..... ..... | xii |
| Preface to the first edition ..... ..... ..... | xiii |
| विषय - प्रवेश ..... ..... ..... | xiv |
| Introduction ..... ..... ..... | xxv |
| 1. स्वस्तिकासन<br>Svastikāsana ..... ..... ..... | 1 |
| 2. उत्तानपादासन<br>Uttānapadāsana ..... ..... ..... | 4 |
| 3. भुजंगासन<br>Bhujaṅgāsana ..... ..... ..... | 7 |
| 4. अर्धपद्मासन<br>Ardha Padmāsana ..... ..... ..... | 11 |
| 5. उत्कटासन<br>Utkaṭāsana ..... ..... ..... | 14 |
| 6. अर्धशलभासन<br>Ardha-Śhalabhāsana ..... ..... ..... | 18 |
| 7. पादहस्तासन<br>Pādahastāsana ..... ..... ..... | 21 |
| 8. ताड़ासन<br>Tadāsana ..... ..... ..... | 24 |
| 9. धनुरासन-१<br>Dhanurāsana-1 ..... ..... ..... | 28 |

| | | |
|---|---|---|
| | धनुरासन-२<br>Dhanurāsana-2 ..... ..... ..... | 32 |
| 10. | नौकासन<br>Naukāsana ..... ..... ..... | 35 |
| 11. | वज्रासन<br>Vajrāsana ..... ..... ..... | 37 |
| 12. | वक्रासन<br>Vakrāsana ..... ..... ..... | 41 |
| 13. | सुप्तवज्रासन<br>Supta-Vajrāsana ..... ..... ..... | 46 |
| 14. | गोमुखासन<br>Gomukhāsana ..... ..... ..... | 50 |
| 15. | गोमुखासन (बद्धहस्त)<br>Gomukhāsana (Baddhahasata) ..... ..... ..... | 54 |
| 16. | विपरीतकरणी<br>Viparītakaraṇī ..... ..... ..... | 58 |
| 17. | विपरीतकरणी (सर्वांगासन)<br>Viparītakaraṇī (Saravāṅgāsana) ..... ..... ..... | 63 |
| 18. | अर्धमत्स्येन्द्रासन<br>Ardha-Matsyendrāsana ..... ..... ..... | 68 |
| 19. | पश्चिमोत्तानासन<br>Paśchimottanāsana ..... ..... ..... | 73 |
| 20. | उग्रासन<br>Ugrāsana ..... ..... ..... | 77 |
| 21. | कोणासन<br>Koṇāsana ..... ..... ..... | 81 |
| 22. | त्रिकोणासन<br>Trikoṇāsana ..... ..... ..... | 84 |
| 23. | हलासन<br>Halāsana ..... ..... ..... | 87 |

| | | | |
|---|---|---|---|
| 24. | समासन | | |
| | Samāsana | ..... ..... ..... | 92 |
| 25. | उतानमण्डूकासन | | |
| | Uttānamaṇḍūkāsana | ..... ..... ..... | 96 |
| 26. | भद्रासन | | |
| | Bhadrāsana | ..... ..... ..... | 99 |
| 27. | आकर्णधनुरासन | | |
| | Ākarṇa-Dhanurāsana | ..... ..... ..... | 102 |
| 28. | मयूरासन | | |
| | Mayūrāsana | ..... ..... ..... | 106 |
| 29. | सिंहासन | | |
| | Siṃhāsana | ..... ..... ..... | 110 |
| 30. | पद्मासन | | |
| | Padmāsana | ..... ..... ..... | 114 |
| 31. | वकासन | | |
| | Vakāsana | ..... ..... ..... | 118 |
| 32. | पद्मासन (बद्ध) | | |
| | Padmāsana (Baddha) | ..... ..... ..... | 121 |
| 33. | तोलांगुलासन | | |
| | Tolāṅgulāsana | ..... ..... ..... | 126 |
| 34. | पर्वतासन | | |
| | Parvatāsana | ..... ..... ..... | 130 |
| 35. | शलभासन | | |
| | Śhalabhāsana | ..... ..... ..... | 133 |
| 36. | मकरासन-१ | | |
| | Makarāsana-1 | ..... ..... ..... | 137 |
| | मकरासन-२ | | |
| | Makarāsana-2* | ..... ..... ..... | 140 |
| 37. | मत्स्यासन | | |
| | Matsyāsana | ..... ..... ..... | 143 |

38. वृक्षासन
Vṛikṣāsana ..... ..... ..... 147

39. चक्रासन - १
Chakrāsana - 1 ..... ..... ..... 150

चक्रासन - २
Chakrāsana - 2 ..... ..... ..... 154

40. शीर्षासन
Śirṣāsana ..... ..... ..... 157

41. शवासन
Śavāsana ..... ..... ..... 163

42. उज्जायी प्राणायाम (सरल)
Ujjāyī Prāṇāyāma ..... ..... ..... 166

43. अनुलोम-विलोम
Anuloma-Viloma ..... ..... ..... 169

44. कपालभाति
Kapālabhāti ..... ..... ..... 176

45. उड्डीयानबन्ध
Uḍḍīyāna Bandha ..... ..... ..... 180

46. अग्निसार
Agnisāra ..... ..... ..... 184

47. योगमुद्रा
Yogamudrā ..... ..... ..... 188

48. नौलि
Nauli ..... ..... ..... 191

49. जालन्धरबन्ध
Jālandhara Bandha ..... ..... ..... 197

परिशिष्ट
Appendix ..... ..... ..... 200

**SPORTS AUTHORITY OF INDIA**

LAKSHMIBAI NATIONAL COLLEGE OF PHYSICAL EDUCATION, GWALIOR

## Certificate of Honour

This Certificate of Honour is awarded to Shri O.P. TIWARI for having received FIRST Prize in YOGA category in the 16th National Prize Competition for Published Literature on Physical Education, Sports, Health Education, Recreation and Yoga at a function held at Indira Gandhi Indoor Stadium, New Delhi on 27th August, 1987.

(DR. N. N. MALL)
DIRECTOR
L. N. C. P. E., Gwalior

(SMT. MARGARET ALVA)
Hon'ble Minister of State for Youth Affairs & Sports and Women & Child Development
&
Vice-Chairperson, Governing Body, S. A. I.

**Note:** *The above Certificate of Honour was received by the author for his book — "ASANA—WHY AND HOW" — which was entered for the 16th National Prize Competition for Published Literature on Physical Education, Sports, Health Education, Recreation and Yoga which was organised by the Sports Authority of India on behalf of the Govt. of India (Ministry of Human Resource Development)*

# "आसन क्यों और कैसे" का 7वाँ संस्करण

मुझे "आसन क्यों और क्यों कैसे" का 7वाँ संस्करण प्रस्तुत करते हुये अत्यंत हर्ष हो रहा है, प्रथम संस्करण के बाद के पुर्नमुद्रण मे त्रुटियो की बाढ़ सी आ गई है । इस के लिये मै स्वामी महेशानन्द, ब्रिगेडियर धर्माधिकारी का कृतज्ञ हूँ, क्योंकि उन्होंने अपने सहायक श्रीमती संध्या दिक्षित, श्री भारत सिंह, श्री संदिप वानखेडे व श्री रजनीश शर्मा को साथ लेकर बहुत महत्त्वपूर्ण सुझाव देकर व त्रुटियों को ईंगित कर नये संस्करण को पूर्ण करने मे अत्यंत सहायता की है । तदर्थ मै हृदय से उनका आभारी हूँ ।

योग मीमांसा के कर्मचारी सभी बधाई के पात्र है जिनके श्रम से यह पुस्तक पाठकों के हाथ में पहुंचती है । हमारे आफिस की श्रीमती पुष्पा मांडके जो कि संस्था व एक प्रिन्टर के मध्य मे सम्बन्ध सुव्यास रूप से बनाये रखने मे मदद करती है तथा सभी आफिस के कर्मचारीयों का आभारी हूँ । विशेषकर श्री बंडू कुटे के सहयोग के लिये आभारी हूँ । श्री नितीन तनपुरे एक प्रिन्टर के स्वामी को तो मै शत् शत् धन्यवाद देता हूँ जिन्होंने पुस्तर को पूर्ण रुप दिया है ।

जैसा मैने पहले ही कहा है इस पुस्तक मे मेरा कुछ भी नही है जो कुछ मेरे गुरुदेव स्वामी कुवलयानन्दजी ने दिया है । उसी को अपनी भाषा मे प्रस्तुत कर रहा हूँ । इस मे भी कुछ त्रुटि रही हो तो सुधी पाठक आलोचक का काम करेंगे तो विनम्र भाव से मुझको आनन्द होगा ।

**धन्यवाद**

कैवल्यधाम
10-12-2015

**- ओम प्रकाश तिवारी**

## PREFACE TO THE SEVENTH EDITION

It gives me immense pleasure to present to you the seventh and fully revised edition of *Asana Why & How?*

Perhaps the best saying to encapsulate the efforts behind this edition is "better late than never." While bringing out the seventh edition, much time was spent laboring to fine-tune past discrepancies. After many months, I can confidently say that no minute was wasted in working to amend the mistakes of the past. With this new edition, you will find several modifications in the techniques, and photographs of the various Asanas made for the benefit practitioners both in India and abroad.

The Kaivalyadhama family has played a major role in the review, editing, and redrafting of this work. I am especially grateful to Swami Maheshanandaji for his thoughtful guidance and advice. Equally, I am thankful to Brigadier Suhas Dharmadhikari, Mrs. Pushpa Mandke and to the rest of our team of yoga instructors, including Mr. Bharat Singh, for their various assistance and contributions towards giving this book its final shape. I would like to mention that this book would not be complete without thanking Mrs. Sandhya Dixit for her tireless work throughout every stage of the process.

I would like to recognize my granddaughter, Ms. Eela Dubey, from the United States, who was in India continuously working on the book until it was published and volunteered herself to pose for many of the postures in the book. Equally, I would like to thank Ms. Sunita Singh and Mr. Prasenjit Majumder for volunteering to pose for many of the postures, which they have demonstrated with true mastery. Special thanks are due to many of my students, including Rebecca Polack, Neil Barker, and Marilou Van Hoek for their editorial assistance. I also would like to thank Kaivalyadhama's dedicated photographer, Ajay Raut, and our publisher, Mr. Nitin Tanpure. Lastly, I am thankful to my readers, who have continued to provide invaluable feedback and comments on much of my work.

It is important to reiterate that this is my humble contribution towards my teacher, Swami Kuvalayanandaji, and his efforts to spread the science of yoga, and its message, around the world. Yoga is one of the world's most secular and holistic sadhanas, and today, it is evident that it is growing rapidly. I urge that people come forward and spread the message of Swami Kuvalayanandaji, who once said:

"Yoga has a complete message for humanity. It has a message for the human body; it has a message for the human mind and it also has a message for the human soul"

I hope that the seventh edition of this book will be eagerly welcomed by yoga lovers everywhere.

**- O.P. Tiwari**

## प्रथम संस्करण का प्राक्कथन

यद्यपि इस पुस्तक का हस्तलेख चार वर्ष पूर्व ही तैयार हो चुका था, किन्तु किसी कारणवश इसका प्रकाशन इस वर्ष ही सम्भव हो सका । प्रस्तुत पुस्तक लिखने के प्रयास के सन्दर्भ में मैं स्वामी दिगम्बरजी का ऋणी हूँ, जिनका आशीर्वाद सदैव मेरे साथ रहा है । मैं डा. श्रीकृष्ण को भी हार्दिक धन्यवाद देता हूँ जिन्होंने अपने अमूल्य सुझाव देकर पुस्तक की प्रस्तुति को समृद्ध बनाया।

मैं श्रीमती आनन्दमाला बा. देसाई, डा. पीताम्बर झा, श्री रविन्द्रनाथ बोधे, श्री म. म. गोरे, श्री परिमल देवनाथ, श्री यशपाल सिंह रघु, श्री रा. कु. दौनेरिया तथा श्री लव कुमार के प्रति अनेक सहयोगों के लिये, अपना कृतज्ञतापूर्ण आभार व्यक्त करता हूँ । मैं अपने पुत्र चि. सुधीर व पुत्री चि. वर्तिका की प्रशंसा करता हूँ जिन्होंने इस पुस्तक के सन्दर्भ में अपने हर प्रकार के सहयोग में तत्परता दिखाई । जिन्होंने इस पुस्तक के हस्तलेख का टंकन कार्य किया, उनके प्रति भी मैं आभार व्यक्त करता हूँ ।

श्री ज्ञान शंकर सहाय का सहयोग सहलेखक का माना जा सकता है । पुस्तक का अंग्रेजी अनुवाद तथा इसके प्रकाशन का सम्पूर्ण भार उनके ही जिम्मे रहा है । मैं उन्हें धन्यवाद नहीं देना चाहता क्योंकि वह बहुत अधिक औपचारिक होगा।

मैं कैप्टन बी. एल. मित्तल के प्रति अपना आभार व्यक्त करता हूँ जिनके निर्देशन में ही इस पुस्तक की छपाई हुई है। श्री महेश दबे तथा योगमीमांसा प्रेस के अन्य कर्मचारियों के प्रति भी अपना आभार व्यक्त करता हूँ । मैं श्री गोविन्द मोहिते (compositor) को विशेषरूप से धन्यवाद देना चाहता हूँ जिसका सच्चा प्रयास इसके प्रकाशन के पीछे छुपा हुआ है।

शिक्षा-मंत्रालय भारत सरकार, के प्रति भी मैं अपना विशेष आभार प्रदर्शित करता हूँ जिन्होंने इस पुस्तक के प्रकाशन के लिये प्रथम अनुदान दिया । कुछ अपरिहार्य कारणवश इसका प्रकाशन कार्य विलम्ब से शुरू हो पाया, अतः सरकारी अनुदान पर्याप्त नहीं हो पाया क्योंकि प्रिंटिंग वस्तुओं के मूल्य में वृद्धि हो चुकी थी । ऐसे आड़े समय में उदारमना श्री भगवती प्रसादजी खेतान द्वारा दिए गए २०,००० रू. का अनुदान ही इसके प्रकाशन में सबसे बड़ा सहायक सिद्ध हुआ, अतः इस पुस्तक को पाठकों के हाथ तक पहुँचाने का सारा श्रेय उन्हें ही जाता है ।

अन्त में मैं उन सबों का आभारी हूँ जिन्होंने प्रत्यक्ष या परोक्षरूप से पुस्तक के सन्दर्भ में अपनी सहायता प्रदान की ।

**धन्यवाद**

कैवल्यधाम — **- ओ. पी. तिवारी**

28-12-1984

# PREFACE TO FIRST EDITION

Though the original manuscript of the book was ready four years ago, but its publication could be possible only this year. In this venture I am highly indebted to Swami Digambarji whose blessings are always with me. My hearty thanks are to Dr. Shrikrishna for his valuable suggestions for improving the presentation of the book.

I gratefully acknowledge the help rendered by Mrs. Anandmala B. Desai, Dr. Pitambar Jha, Shri R.K.Bodhe, Shri M. M. Gore, Shri Yashpal Singh Raghu, Shri Parimal Debnath, Shri R. K. Dauneria and Shri Lav Kumar. I admire my son Ch. Sudhir and daughter Ch. Vartika for their readiness to render every co-operation in the preparation of this book. My thanks to all who prepared the typed copy of this manuscript.

The assistance rendered by Shri G. S. Sahay can be considered as one of a Co-Author. The English translation of the book as well as the total responsibility of its publication was borne by him. I do not want to thank him for this as it will be too formal.

I am thankful to Capt. B. L. Mittal for the overall guidance regarding the printing of the book in the press. I express my obligation to Shri Mahesh Dave (Supervisor of the Yoga Min amsa Press) and his staff for their sincere work. My Special thanks are due to Shri Govind Mohite (Compositor) whose sincere efforts are behind this publication.

My highest gratitude is to the Ministry of Education, Govt. Of India, who gave a grant for the publication of this book. Due to the unavoidable delays in the publication we were in deficit to meet the increased printing cost. In this critical juncture, the generous donation of Rs. 20,000/- was kindly made by Shri Bhagwati Prasadji Khetan. This proved to be of great help to complete the publication in time and hence all the credit for bringing this book into the hands of the readers goes to him.

And, I thanks all those who have directly or indirectly helped me in presenting this book to the public.

**Thanks**

**- O. P. TIWARI**

**Kaivalyadhama,**
December 28, 1984.

# विषय - प्रवेश

पुस्तक 'आसन क्यों और कैसे ?' शीर्षक लिखने की प्रेरणा इसलिए नहीं हुई कि आसन पर कोई पुस्तक नहीं थी, न इसलिये ही कि मैं आसन पर सर्वश्रेष्ठ पुस्तक लिख सकता था, इसके लिखने का कारण था कि मैंने सोचा कि जनसाधारण के मानस पर जो सहज में उतर सके, ऐसी सरल भाषा में एक पुस्तक लिखी जाए, यह महती आवश्यकता थी । १९७७ में भारत सरकार के शिक्षा मंत्रालय के खेलकूद व शारीरिक-शिक्षा विभाग ने एक समिति गठित की थी कि स्कूल, कालेज व चिकित्सा-संस्थानों के लिए एक योगशिक्षा का पाठ्यक्रम तैयार किया जाये । जब वह तैयार हो गया तो मैंने यह आवश्कता अनुभव की, कि तदनुरूप एक आसन की पुस्तक भी हो । अतः लिखने की प्रेरणा का कारण बना।

आसन की सर्वश्रेष्ठ पुस्तक 'योगासन' पूज्य स्वामी कुवलयानंन्दजी की मानी जाती है । १९२४ में प्रथम संस्करण के समय जितनी नवीनता उसमें थी, उतनी ही आज भी है । आज योग की जितनी भी पुस्तकें हैं, परोक्ष या प्रत्यक्ष रूप में सभी उससे प्रेरित हैं । अतः मेरी कैसे अछूती रह सकती है। योग के बारे में जो कुछ भी मैंने सीखा है वह उनकी महती कृपा है। मेरा अपना कुछ भी नहीं है, यह बात मैं बड़े गर्व के साथ कहने में गरिमा का अनुभव करता हूँ ।

'आसन क्यों और कैसे ?' यह नाम बड़ा ही अजीब सा लगता है । पर यह बड़े ही समय पर पाठकों की जिज्ञासा को ध्यान में रख कर चुना गया है । हम अभी तक यही कहते आए हैं कि आसन करने चाहियें, इस आसन से यह लाभ है, आदि-आदि, पर पता नहीं क्यों मेरी तीव्र भावना रही है कि हर पाठक या साधक के अन्दर जो यह अप्रकट जिज्ञासा रहती है कि आसन क्यों किये जाये, इसका समुचित उत्तर देने से रह गया है । यह बताया जाय कि आसन इसलिए किया जाय तथा आसन कैसे ? को समझाया जाय कि ऐसे किये जाये। आज अनेक योगतज्ञों में एक ही आसन के अनेक स्वरूप तथा विधियाँ प्रचलित हैं । अतः यह आवश्यक है कि वह समझें कि यही विधि क्यों? एक बार विदेश दौरे में मुझे एक महिला ने यह बताने में क्षमापूर्वक कहा कि Yogis have become merchants of yoga. यद्यपि मैंने उसे समझाने का प्रयास किया कि सभी के बारे में यह सामान्य नहीं हो सकता, पर फिर हृदय में मुझे महाकवि तुलसीदास की वह चौपाई याद आ रही थी, कि 'जाके नख सिख जटा विशाला, सोइ योगी विसाल कलिकाला ।'

आसन क्यों ? पर विचार करने के पूर्व हम यह देखें कि आसन है क्या ? श्री चरणदास इसका बड़ा ही सरल उत्तर देते हैं, 'चौरासी लख आसन जानो योनिन की बैठक पहिचानों', मतलब आसन ८४ लाख हैं । विभिन्न योनियों के जीव-जन्तु जिस अवस्था या स्थिति का प्रयोग बैठने में करते हैं उसी स्वरूप को आसन कहते हैं । प्रारम्भ में आसन का अर्थ केवल उन स्थितियों से था, जिनमें बैठकर संध्या, ध्यान इत्यादि करते

थे । उसी के लिये ब्रह्मसूत्र में 'आसीनः सम्भवात्' का उल्लेख है । श्रीमद्भगवद्गीता में भी 'समम् काय शिरोग्रीवं धारयन्नचलं स्थिरः' का उल्लेख आता है। तात्पर्य यह है कि आसन का प्रारम्भ अध्यात्म की उस अवस्था को प्राप्त करने के लिये हुआ जिसमें सीधे बैठकर कुछ प्रयत्न किये जाते रहे हैं। कालान्तर में इसमें परिवर्तन आये, तथा वे स्थितियाँ जिनका उल्लेख श्री गोरखनाथ ने 'आसनानि तु तावन्तो यावन्तो जीव जन्तवः' करके किया है, १० वीं शताब्दी में आसन के अन्तर्गत गिने जाने लगे। पर मेरा ऐसा निश्चित मत है कि ईसा से ३५०० वर्ष पूर्व मेक्सिको में प्राप्त आसनों की ले शिल्प-कृतियाँ इस बात का प्रत्यक्ष प्रमाण हैं कि हठयोग के आसन ईसा से हजारों वर्ष पूर्व प्रचलित हो चुके थे। यह बात दूसरी है कि काल के गाल में समाई इतिहास की वे करवटें जिन्हें हम अभाग्यवश नहीं देख पाते हैं, यह सिद्ध नहीं करतीं कि भारत में उस समय हठयोग के आसन प्रचलित नहीं थे। अतः हम यह निश्चित मानकर चलते हैं कि आसन अनादि से चले आये अभ्यास के वह क्रम हैं, जिन्होंने मानवता को बैठना तो सिखाया ही साथ ही स्वास्थ्य को अक्षुण्ण रखना भी सिखाया तथा प्राणों की ग्रंथियों को खोलकर उसे सुषुम्नामार्ग में प्रवाहित करने में भी मदद दी, इसीलिये 'असंग' ने गुह्यसमाजतंत्र में यह लिखा कि 'यदा न सिद्धयते बोधि हठयोगेन साधयेत् ।' स्पष्ट था कि हठयोग की उपादेयता किसी भी समय में कम नहीं हुई। अतः यह सार निकलता है कि आसन का अभ्यास इसलिए है कि साधक अपने को स्वस्थ रखते हुए प्राणों की गति को अध्यात्म की दिशा में एक गति प्रदान कर सके । पर आज की दृष्टि से आसनों का महत्त्व अन्य भी है । हम अपने को शारीरिक स्तर पर स्वस्थ कैसे रख सकें ? क्या आसन इसमें अपना सहयोग प्रदान कर सकते हैं ? मैं यहाँ पर अपनी बात नहीं कहना चाहता हूँ । पूज्य स्वामी कुवलयानंन्द जी की कही हुई बात को ही संक्षेप में प्रस्तुत कर रहा हूँ । अर्थात उनकी ही बात को पुस्तक से लेकर संक्षिप्त किया है ।

मानवशरीर के सभी अंग विविध प्रकार के धातुओं (Tissues) से बने हैं। अतः शारीरिक स्वास्थ्य इन धातुओं के स्वास्थ्य पर निर्भर करता है। सभी धातुओं के स्वास्थ्य के लिए आवश्यक शरीरेन्द्रिय सम्बन्धी जो अधोवर्णित शर्तें हैं, वे आसनों के अभ्यास से किस प्रकार सम्यक् रूप से पूरी हो सकती हैं, इसकी चर्चा इस अध्याय में है। वे शर्तें हैं, (१) अन्तःस्त्रावी ग्रन्थियों के स्त्रावों तथा पोषकद्रव्यों का निरन्तर प्रदाय, (२) मलद्रव्यों का निःशेष उत्सर्जन और (३) नाड़ीसंस्थान का स्वस्थ कार्य।

(१) पोषण हेतु आवश्यक द्रव्य रक्त द्वारा शरीर के सभी अंगों में पहुँचते हैं। पोषण-प्रक्रिया में पचन संस्थान की पाचन और प्रचूषण शक्तियाँ अत्यधिक महत्त्व रखती हैं। इन्हें शरीर संवर्धनात्मक आसनों द्वारा कार्यक्षम रखा जा सकता है। पचनसंस्थान के अंगों का प्राकृतिक हल्का मर्दन उदरस्थ पेशियों के बलवान एवं लचीले होने पर ही अधिक परिणामकारी हो सकता है। भुजंगासन, शलभासन, योगमुद्रा, पश्चिमत्तान, वक्रासन और अर्धमत्स्येन्द्रासन उदरस्थ पेशियों को न केवल बलवान एवं लचीला बनाते हैं, जिससे उदरस्थ आशयों का प्राकृतिक मर्दनकार्य अधिक परिणामकारी बनता है, बल्कि उन्हें अपने उचित स्थान में स्थिर

रखते हैं, जिससे सम्यक् पाचन और प्रचूषण होने के साथ-साथ मलमूत्र के उत्सर्जन में सहायक होते हैं। इस तरह शारीरिक स्वास्थ्य की दूसरी शर्त भी पूरी हो जाती है। भुजंगासन, शलभासन और धनुरासन उदर की सामने को पेशियों में व्यायाम और पीठ की पेशियों का सिकुड़ना तथा योगमुद्रा, पश्चिमोत्तान और हलासन उदर की सामने की पेशियों में प्रबल संकोच तथा पीठ की पेशियों में उचित व्यायाम उत्पन्न करते हैं । उड्डियानबन्ध में औदरिक पेशियों की उर्ध्वगतिक और नौलि में बगल से मालिश होती है ।

धातुओं का पोषक द्रव्य-प्रदान में रक्तवह-तन्त्र महत्त्वपूर्ण स्थान रखता है। शरीर में रक्तसंचरण का कार्य हृदय, धमनियाँ, सिराएँ और कोशिकायें करती हैं । इस तन्त्र में आसनों द्वारा मिलने वाली सहायता इस प्रकार है । हृदय में संकोच विकास द्वारा रक्तसंचरण सम्भव होता है। इसलिए हृदय पेशियाँ बलशाली एवं स्वस्थ बनी रहनी चाहिए। इस कार्य में आसनों द्वारा सहायता मिल सकती है । जैसे उड्डियानबन्ध एवं नौलि क्रिया, जिन में हृदय के ऊपर का दबाव पारी-पारी से घटता बढ़ता है, फलस्वरूप हृदयपेशियों को अधिक स्वस्थ होने का अवसर मिलता है जिससे रक्तवहतन्त्र अधिक कार्यक्षम बनता है । रक्तवहतन्त्र की कुटिल सिराओं के रोग से शीर्षासन, सर्वांगासन, विपरीतकरणी इत्यादि आसनों द्वारा मुक्ति पायी जा सकती है । क्योंकि इनमें शरीर उलटा हो जाने से सिराओं को अल्पविश्राम मिलता है, फलस्वरूप उन्हें अपना स्वास्थ्य बनाये रखने में या 'गिरे हुए स्वास्थ्य' को फिर से प्राप्त करने में मदद मिलती है ।

प्राणवायु धातुपोषण का अत्यन्त अनिवार्य घटक होता है । प्राणवायु का ग्रहण श्वसन तन्त्र द्वारा होता है । आसन इस तन्त्र को कैसे कार्यक्षम रख सकते हैं । श्वसन-क्रिया फुफ्फुसों एवं सम्बन्धित पेशियों के स्वास्थ्य पर निर्भर करती है । शलभासन और मयूरासन प्रत्येक फुफ्फुसों के वायुकोषों को लचीला एवं सक्रिय बनाते हैं । चूँकि शलभासन में आवश्यक गम्भीर अन्तःश्वसन एवं उड्डियान तथा नौलि में आवश्यक गंभीर बहिःश्वसन श्वसन पेशियों को बलवान बनाते हैं, अतः रक्त में उचित मात्रा में प्राणवायु पहुँच पाता है । कई बार श्वसनमार्ग तुंडिका-शोथ कंठशालूक (Adenoids) से अवरूद्ध होता है। इसकी चिकित्सा में सर्वांगासन, विपरीतकरणी, मत्स्यासन, जिह्वाबन्ध और सिंहमुद्रा बहुत उपयुक्त पाये गये हैं। जीर्ण प्रतिश्याय (Chronic Nasal Catarrh) भी कई बार इस से ठीक होता है ।

मानवस्वास्थ्य न केवल पोषक द्रव्यों की उचितमात्रा, अपितु अन्तःस्त्रावी ग्रन्थियों के अन्तःस्त्रावों की पर्याप्त मात्रा पर भी निर्भर करता है । इन ग्रन्थियों को स्वस्थ रखने में सर्वांगासन, विपरीतकरणी, मत्स्यासन, जिह्वाबन्ध आदि उपयुक्त व्यायाम हैं । इनसे अबटुका (Thyroid) का स्वास्थ्य बना रहता है। पियूषिका (Pituitary) और दृक्कंदिका के लिए शीर्षासन और वृषण तथा डिम्बग्रन्थियों के स्वास्थ्य के लिए सर्वांगासन उड्डियान तथा नौलि बहुत परिणामकारी हैं।

शरीरस्वास्थ्य की तीसरी शर्त है धातु-नाड़ी सम्बन्धी कार्य का अच्छा होना । शरीर का कोई धातु (अंग)

ऐसा नहीं जिनका अपना स्वतन्त्र-नाड़ी सम्बन्ध न हो । अतः शरीर के विविध अंगों से सम्बन्धित नाड़ियाँ स्वस्थ न हों तो ये अंग स्वस्थ एवं फुर्तीले नहीं रह सकेंगे । अतएव धातु-नाड़ी सम्बन्ध का सन्तोषप्रद कार्य शरीर स्वास्थ्य के लिए आवश्यक है । शीर्षासन और विपरीतकरणी मस्तिष्क की तरफ जाने वाली रक्तराशि को बढ़ाकर ज्ञानेन्द्रियों की नाडियों का स्वास्थ्य अच्छा रखते हैं। सभी योगासन पृष्ठवंश और सुषुम्ना के लिए उत्तम व्यायाम हैं। उड्डियान और नौलि दोनों मध्यच्छदा पेशी के द्वारा सुषुम्ना तथा अनुकम्पी रज्जुओं के स्वास्थ्य संवर्धन में उपयुक्त हैं। ये उदरस्थ नाड़ियों का भी स्वास्थ्यसंवर्धन करते हैं। शलभासन, अर्धशलभासन, मयूरासन, सर्वांगासन उर्ध्वशाखाओं की नाड़ियों की स्वास्थ्य रक्षा करते हैं। इस प्रकार आसन न केवल मस्तिष्क, सुषुम्ना, अनुकम्पी रज्जुओं का परन्तु शरीर में फैलनेवाली मस्तिष्क और सुषुम्ना की नाड़ियों के स्वास्थ्य रक्षण के लिए भी समर्थ हैं। शरीर का प्रत्येक धातु (Tissue) इस प्रकार आसनों द्वारा स्वस्थ बनने पर शरीर का हर अंग अपना कार्य अच्छी तरह से कर सकता है, जिन पर शरीर क्रियाएँ निर्भर करते हैं। आसन इन पेशियों को बलवान बनाते हैं।

हर ध्यान धारणात्मक आसनों में पृष्ठवंश सीधा खड़ा रखने की आवश्यकता उदरस्थ आशयों पर पड़ने वाले दबाव एवं तज्जन्य विकारों को टालने के लिए होती है, ताकि सुषुम्ना अपने उचित स्थान में रहकर सुचारू रूप से कार्य करें।

ध्यान धारणात्मक आसनों का दूसरा शरीरक्रियात्मक स्वरूप है श्रोणि-प्रदेश में संचार करने वाली रक्त राशि का बढ़ना और इस प्रकार त्रिक और अनुत्रिक नाड़ियों के बल को बनाए रखने की क्षमता प्राप्त कराना। इन आसनों से उत्पन्न हुई श्रोणि-प्रदेश में रक्त की अधिकता और तज्जन्य नाड़ियों की सवलता कुण्डलिनी जागृत करने वाले अन्य योगासनों के साथ कुण्डलिनी की जागृति में अंशतः कारणीभूत है।

ध्यान धारणात्मक आसनों का तीसरा शरीरक्रियात्मक स्वरूप है कार्बनडायऑक्साईड की अल्पतम उत्पत्ति। हृदय और फुफ्फुसों के कार्यों को मन्द करने वाली तथा एकाग्र होनेवाले मन को शरीर के अस्तित्व की भावना से दूर रखने वाली कार्बनडायऑक्साईड की अल्पतन उत्पत्ति होती है। उस समय फुफ्फुस एवं हृदय के वेग मन्द करने की प्रवृत्ति बनती है। सारी जीवन क्रियाएँ मानो पूर्णतया समाप्त हो गयी हो ऐसा प्रतीत होता है। ऐच्छिक अनैच्छिक शारीरिक क्रियाओं द्वारा मन का विचलित होना बन्द हो जाता है और वह अन्तर्मुख हो जाता है। मानसिक वृत्तियों से अपने को अलग करने के लिए और अन्ततोगत्वा 'परमात्मा' का साक्षात्कार करने के लिए योगी अपने को स्वतन्त्र पाता है।

हमने संक्षेप में यह देखा कि आसन हमारे शरीर व मन पर कितना असर डालते हैं। हमारा सारा व्यक्तित्व एक प्रकार से हमारी उस स्थिति से सम्बन्धित रहता है जिसमें हम बैठते हैं अथवा कुछ करते हैं। अतः उत्तर सहज ही आता है कि यदि हम स्वस्थ रहना चाहते हैं तो आसन अत्यावश्यक हैं। जैसा कि श्री

पतंजलि ने कहा है 'स्थिर सुखम् आसनम्' स्थिरता व सुख यह आसनों की व्याख्या तथा परिणाम है। कुछ लोग इसी व्याख्या को यूं कह कर स्पष्ट करते हैं कि 'वह अवस्था जो सुखकारी व स्थिर हो', आसन है। यदि वह व्याख्या हमने की तो लेटकर सोने की अवस्था अत्यन्त सुखकारी है, पर क्या वह आसन हो सकती है ? श्री स्वात्माराम ने इसी को स्पष्ट करने हेतु हठप्रदीपिका में कहा है, 'कुर्यात्तदासनम् स्थैर्यमारोग्यं चाङ्गलाघवम्' । स्पष्ट है कि आसन का परिणाम स्थैर्य, आरोग्य व शरीर तथा मन के लाघव की प्राप्ति में होना चाहिये । यदि ऐसा नहीं होगा तो आसन, आसन न होकर व्यायाम है। अतः मूल रूप से प्रश्न आता है कि फिर **आसन कैसे ?** महर्षि पतंजलि ने इसका बड़ा सुन्दर व स्पष्ट उत्तर दिया है - 'प्रयत्नशैथिल्यानन्त-समापत्तिभ्याम्', अर्थात् आसन करते समय प्रयत्न का अत्यल्प प्रयोग हो। मन के बारे में कि वह अन्यत्र न दौड़कर केवल 'अनन्त' अर्थात् शून्य में लगावें या प्राण स्पंदन पर रखें ताकि शरीर में तनाव अत्यल्प रहे, यह निर्देश है। स्पष्ट है कि यदि हम आसन को व्यायाम की तरह करेंगे तो थकान की मात्रा अधिक रहेगी, जिससे रजस् की मात्रा बढ़ेगी, शरीर गतिमान व मन चंचल रहेगा। काम, क्रोध, लोभ, मोह व द्वेष इत्यादि की वृद्धि होगी । अतः आवश्यकता इस बात की है कि इन दोनों का निर्मूलन हो तथा शरीर व मन निरोगी हो । अतः समाधान इसमें है कि हम यह जानें कि आसन कैसे किये जायें । सामान्य जन की भाषा में कहें तो एक कहावत है कि - **'जल्दबाजी का काम शैतान का'** । यही बात आसनों पर भी लागू होती है, 'आसनानि शनैः शनैः', का सूत्र हमें ध्यान में रखना होगा। प्रयत्नशैथिल्य से महर्षि पतंजलि का यही तात्पर्य है कि हम आसन करते समय कम से कम जोर या शक्ति का उपयोग करें । **आसनों को होने दे, करें कम।** हम जब किसी वस्तु को करने का ध्यान करते हैं तो शक्ति उपयोग का ख्याल यानि प्रयत्न करने का प्रस्ताव आ ही जाता है। परन्तु जब होने की बात करते हैं तो साक्षीभाव की बात आती है, हम द्रष्टा बन जाते हैं कि देखें क्या होता है, यह अपने अन्दर एक घनात्मक दृष्टिकोण का निर्माण करता है। एक ओर इससे शरीर में होने वाले तनाव कम होते हैं तो दूसरी ओर मन भी शून्य में बंध जाता है। यदि आसन करते समय हम मन को खुला छोड़ दें, तो वह हमें कहीं भी ले जायेगा। इससे हमारे शरीर व चेतना स्तर पर तनाव पैदा हो सकता है। यदि ऐसा हो जाता है तो आसनों का उद्देश्य ही समाप्त हो जायेगा । अतः अनन्त में समापत्ति अर्थात् शून्य (आकाश) में मन को लगाना - यदि ऐसा अभ्यास करते हैं तो तनाव में कमी आती है, आसन होते हुए भी वे शरीर या मन को धक्का नहीं पहुँचा पाते ।

**आसनों का वर्गीकरण** - स्वामी कुवलयानन्द ने इन्हें दो श्रेणी में बांटा है। शरीर संवर्धनात्मक तथा ध्यानात्मक। प्रथम का एक उपांग हो सकता है, जिसे आज के लेखकों ने शिथिलनात्मक कहा है। जो शरीर को आराम पहुँचाते हैं जिससे थकान दूर होती है।

**आसन**

| ध्यानात्मक | शरीर संवर्धनात्मक | शिथिल कारक |
|---|---|---|
| १. पद्मासन | १. शीर्षासन | १. शवासन |
| २. सिद्धासन | २. सर्वांगासन | २. मकरासन |
| ३. स्वस्तिकासन | ३. भुजंगासन | |
| ४. समासन आदि | ४. हलासन | |
| | ५. सुप्त वज्रासन आदि | |

सबसे अधिक ध्यान में रखने वाली बात यह है कि 'देखा देखी कीन्हा जोग, छीजी काया बाढ़ा रोग', यह कहावत अत्यन्त रचनात्मक है। जो मुख्य बातें आसनों के बारे में कही जा सकती हैं, वे संक्षेप में ये हैं: -

१. आसन को पुस्तकों से देखकर न करें, किसी अच्छे शिक्षक की देख-रेख में ही करें।

२. आसनों को करते समय झटका न दें, अपितु धीरे-धीरे पूर्ण स्थिति में पहुँचे।

३. अंतिम अवस्था कुछ समय के लिए बनाए रखें।

४. अपनी शक्ति की सीमा से बाहर न जाएँ।

५. आसनों में प्रतियोगितात्मक दृष्टिकोण न अपनावें, इससे लाभ की अपेक्षा हानि होने की अधिक सम्भावना रहती है।

६. हमेशा आसनों के मन व शरीर पर होने वाले परिणाम को ध्यान में रखें।

७. आसनों के पश्चात् शवासन अवश्य करें, वैसे यदि न कर पावें तो ऐसा न समझें कि इसका परिणाम गलत होगा।

८. यदि सम्भव हो तो आसनों की डायरी रखें कि कौन सा आसन कितना किया है।

९. यदि शरीर में कहीं चोट, रोग या किसी अन्य व्याधि की शिकायत है तो अपने शिक्षक को बतावें तथा उसके आदेशानुसार करें।

१०. आसनों में श्वास को गतिरोध न बनने दें। शरीर की रचना ऐसी है कि वह श्वास का नियंत्रण परिस्थितियों के अनुसार करता है। उदाहरणार्थ जब आप वजन उठाते हैं या सुई में डोरा डालते हैं, शलभासन या मयूरासन करते हैं तो श्वास स्वतः रुक जाता है अतः आसन व श्वास को मिश्रित न करें। श्वास की चिन्ता छोड़ दें। प्राणायाम के अन्दर श्वास की चिन्ता रखी गयी है। हाँ यदि

उच्चरक्तचाप, हृदयरोग या दमा आदि की शिकायत हो तो बात दूसरी है उसमें अपने शिक्षक का निर्देश अवश्य लें।

११. स्थान स्वच्छ व हवादार हो।

हमारे सामने विचार करने पर आसन के सम्बन्ध में जो प्रश्न उठते हैं, वे निम्न प्रकार से हैं तथा उनके उत्तर भी लेखक की राय में उसी प्रकार दिए गए हैं।

**समय -** आसनों का करने का सर्वश्रेष्ठ समय कौन सा है ? हम इसके बारे में यही कहेंगे कि प्रातः काल का समय सर्वश्रेष्ठ है। पर इसका आग्रह न करें। इतना अवश्य ध्यान रखें कि भोजन के ४ घंटे बाद तक आसन, प्राणायाम व मुद्रायें न करें, हाँ वमनधौति आवश्यकतावश कर सकते हैं। कभी-कभी ऐसा होता है कि किसी की जठराग्नि मन्द होती है उसे ४ घंटे भी कम होते हैं। ऐसे व्यक्ति को यदि खट्टी डकार आती हो तो ६ घंटे का समय भोजन के बाद देना चाहिए।

**स्नान -** स्नान के बारे में भी अनेक बार प्रश्न पूछे जाते हैं कि आसनों के पूर्व में हो या बाद में, ठंड़े जल से हो या गरम जल से ? उत्तर में हम यही कहेंगे कि जैसा की स्वात्माराम ने कहा है कि - 'नियम का आग्रह' भी एक बाधा है। काश्मीर में या ठंढे प्रदेश का निवासी गरम पानी से स्नान करना चाहेगा, उससे रक्तसंचरण में सहायता तथा माँसपेशियाँ व जोड़ ढ़ीले हो जायेगे तथा आसन करने में सुविधा होगी। वैसे ही गरम प्रदेश का मनुष्य ठंड़े पानी से स्नान करना चाहेगा। गरम पानी में उसे अरुचि होगी। अतः स्थान, समय व जलवायु के हिसाब से अपने ऊपर होने वाले प्रभावों को ध्यान में रखकर यह निश्चित् करना चाहिये। आसन के पूर्व में स्नान होने से अच्छा रहता है। कभी-कभी जिनको अधिक पसीना छूटता हो तथा जिनके पसीने से बदबू आती हो, उन्हें स्नान बाद में करना चाहिए। लेकिन आसन के तुरंत बाद नहीं, ३० मिनट बाद या पसीना सूखने के बाद ही करना चाहिये।

**भोजन** - भोजन के बारे में अनेक बार प्रश्न उठता है कि आसन, प्राणायाम या योगाभ्यास में मनुष्य को कितना व क्या भोजन करना चाहिये ? श्री स्वात्माराम ने हठप्रदीपिका में दोनों प्रश्नों का बड़ा सरल उत्तर दिया है।

भोजन के बारे में मिताहार लेने को कहा है -

सुस्निग्धं मधुराहारश्चतुर्थांश विवर्जितः।
भुज्यते शिवसम्प्रीत्यै मिताहारः स उच्यते ।। हठप्रदीपिका 1/58

**अर्थात्: -** सुस्निग्ध तथा मधुर भोजन, भगवान को अर्पित कर अपने पूर्ण आहार का चतुर्थांश कम खाया जाय उसे मिताहार कहते हैं।

भोजन कैसा हो, इसके बारे में कहते हैं -

गोधूमशालियवषष्टिकशोभनान्नम्
क्षीराज्यखण्ड नवनीतसितामधूनि।
शुण्ठीपटोलकफलादिकपञ्चशाकं
मुद्‌गादिदिव्यमुदकं च यमीन्द्रपथ्यम्।। ह. प्र. 1/62

**अर्थात्: -** उत्तम योग साधकों के लिए पथ्यकारक भोजन ये हैं - गेहूँ, चावल, जौ, साठी चावल जैसे सुन्दर अन्न, दूध, घी, खाँड, मक्खन, मिसरी, मधु, सूंठ, परवल जैसे फल आदि, पाँच प्रकार के शाक, मूंग, हरा चना, आदि तथा वर्षा का जल।

क्या मांसाहार उचित है ?

यहाँ पर दो मूल भूत प्रश्न हैं जहाँ तक मन की दशा का प्रश्न है, अगर हमें क्रोध इत्यादि से दूर रहना है, तनावयुक्त जीवन त्यागना है तो अधिक प्रोटीन भोजन त्यागना ही पड़ेगा। आज यह निर्विवाद सिद्ध हो चुका है कि शाकाहार में वे सभी तत्व हैं जो कि एक मांसाहारी को मांस में मिलते हैं। हाँ पाश्चात्य लोगों के लिये शाकाहार का निजस्वरूप प्रस्तुत करना शाकाहारियों का उत्तरदायित्व है, उन्हें यह कल्पना नहीं है कि शाकाहार के अनेक प्रकार के रूचिकर व पोषक व्यंजन बनाये जा सकते हैं। मैं यहाँ मांसाहार को घृणित दृष्टि से नहीं देखता किन्तु एक प्राणी की हत्या हमारे शारीरिक सुख का कारण न बने ? तथा हमें यह भी ध्यान रखना चाहिए कि मृत्यु की घड़ी गिनने वाले पशु के मन में भय की जो वृद्धि होती है, उसका प्रभाव मांस के प्रत्येक रेशे में फैल जाता है, जिसका प्रभाव हमारे शरीर में उनके मनोशारीरिक रोगों के रूप में उभरता है।

जो भी हो, विचार करके देखें कि आखिर मांसाहारीजन शाकाहारी पशु का ही मांस क्यों खाते हैं ? संसार की बहुजन संख्या बताएँ जो मांसाहारी हैं वे शाकाहारी पशु को ही खाते हैं, ऐसा क्यों ? मेरा पाठकों से अनुरोध है कि जरा विचार करके देखें, तो उत्तर मिल जाएगा।

**स्थानः -** बहुत बार प्रश्न करते हैं कि क्या आसन एकान्त में ही होना चाहिए या खुली हवा में। किन्तु ऐसा नहीं है। बम्बई या महानगरों में रहने वाले लोग फिर क्या करेंगे ? हाँ, ऐसा आवश्यक है कि स्वच्छ हवा हो तो अच्छा। हमें आसन करते समय ही स्वच्छ हवा चाहिये ऐसा नहीं है अन्यथा भी तो हमें स्वच्छ हवा ही हितकरी होती है। पर हां, बिजली के पंखे की तेज हवा से बचना चाहिये। स्थान ऐसा अवश्य ध्यान में रखें जहाँ विघ्न कम से कम हो। एकान्ते मठिकामध्ये - का अर्थ सामान्य जन से नहीं हैं। जो लोग साधना को जीवन के लिए ध्येय मानते हैं उनकी बात दूसरी है।

**शल्यक्रियाः -** अनेक बार यह प्रश्न आता है कि यदि बवासीर का आपरेशन या पेट में अल्सर या अन्य

ऐसी जगह जहाँ आसन करने पर दबाव या खिंचाव आता हो तो शल्यक्रिया के कितने समय बाद आसन करने चाहिये? ऐसे समय पर अपने शिक्षक से सलाह कर लें परन्तु सामान्यतया ६ माह का समय अवश्य हो जाना चाहिये ताकि मांस के तंतु स्वस्थ व सामान्य दबाव सहन करने लायक हो जावें।

**आसन एवं प्राणायाम का क्रम क्या हो** ? वैसे यह विषय इतना सामान्य है तथा स्पष्ट निर्देशित है कि भ्रम की आवश्यकता ही नहीं है जैसा स्वात्माराम ने कहा है आसनं कुम्भकं चित्रं मुद्राख्यं करणं तथा।

'आसनं कुम्भकं चित्रं मुद्राख्यं करणं तथा ।
अथ नादानुसन्धानमभ्यासानुक्रमे हठे ।।' ह.प्र. 1/56

**अर्थात्:-** आसन विविध प्रकार के कुम्भक, मुद्रा तथा नादानुसन्धान ये हठयोग के अभ्यासक्रम हैं। आसनं प्राणं संरोधः प्रत्याहारोऽथ धारणा।

ध्यानं समाधिरेतानि योगांगानि भवन्ति षट् ।। गोरक्षशतक 4

**अर्थः -** आसन, प्राणायाम, प्रत्याहार, धारणा, ध्यान एवं समाधि ये छः योग के अंग हैं।

पतंजलि ने भी कहा हैः तस्मिन्सति श्वास प्रश्वासयोर्गतिविच्छेदः

प्राणायामः। यो. सू. II/49.

**अर्थात्: -** आसन के अभ्यास हो जाने पर श्वास-प्रश्वास की सामान्य गति में अन्तर पैदा करना प्राणायाम है। जब आसन दृढ़ हो जाये तब प्राणायाम करना चाहिये । वैसे प्रातः प्राणायाम किया जाय तथा बाद में आसन किये जायें तो हानि कोई नहीं होगी, हाँ लाभ में अन्तर अवश्य आयेगा। जहां तक हो सके आसन पहले और प्राणायाम बाद में करना चाहिये। हां, यदि केवल प्राणायाम ही करना हो तो फिर कोई प्रश्न ही नहीं है।

**कितनी देर तक आसन करने चाहिएः -** सबसे सरल उत्तर है आपके पास कितना समय है ? यह नहीं कि रविवार को जब हमारे पास समय है हम ३ घंटे तक करते रहें, फिर थोड़े समय तक या बिल्कुल नहीं। समय की उपलब्धता को ध्यान में रखकर सामान्य स्वास्थ्य के मनुष्य के लिए ४८ मिनट आसन, १५ से २० मिनट प्राणायाम काफी है। यदि क्रियाएँ करनी हों तो ३० मिनट उसके लिए प्रातःकाल देना चाहिए।

**अन्य रोगों मेंः -** जब शरीर रोग ग्रस्त हो तब आसन करना चाहिये या नहीं? कुछ रोग ऐसे हैं कि आसन करना लाभकारी हो सकता है पर कुछ रोग ऐसे हैं कि आसन करना अलाभकारी हो सकता है। जैसे पेट में नासूर, हृदयरोग, क्षयरोग, उच्चरक्तचाप आदि में शीर्षासन, सर्वांगासन, विपरीतकरणी, पश्चिमोत्तान, हलासन, उड्डियान हानिकारक हो सकते हैं जब कि सुप्तवज्रासन, शीतली, चन्दभेदन, शवासन, वज्रासन, चक्रासन, सिंहमुद्रा, जिह्वाबन्ध लाभकारी हैं। हर्निया, एपेन्डिक्स, एसीडिटी, जुकाम या नजला, दमा, ब्रोन्काइटिस, कोलाइटिस में भी यही बात है, जिसमें कुछ आसन लाभकारी तथा अन्य हानिकारक हो सकते

हैं। अतः अपने शिक्षक की सलाह लेकर ही आसन करें। पर इतना अवश्य है कि आसन करते समय सावधानी से धीरे-धीरे करें।

एक बात ध्यान रखें कि जब आसन करने का मन न हो तब क्या करें। अपना मन टटोलें कि यह आलस्य क्यों है ? क्या शरीर की थकावट के कारण या आलस्य के कारण अथवा मन कहीं अन्यत्र खिंच रहा है। ऐसा कहा है -**'रूचे सो पचे',** अतः अपने मन का ध्यान रखना चाहिये तथा आसन के लाभों को ध्यान में रखकर यह मन बनाये रखें कि यदि अत्यावश्यक अन्य काम हो तो बात दूसरी है, अन्यथा आसन में व्यतिक्रम ना पड़े तो ठीक है । प्रमुखतः आसन के समय जब कि समाज व वायुमण्डल की स्थिति कुछ ऐसी है कि हम स्वस्थ रह कर ही इसका सामना कर सकते हैं।

**अन्य व्यायाम के साथः -** जैसा हम जानते हैं कि अन्य व्यायामों में हृदय को दूषित रक्त साफ करने के लिये अधिक कार्य करना पड़ता है, अतः गति बढ़ जाती है। ऐसा आसन के बारे में नहीं है। अतः आसन व व्यायाम में अन्तर आवश्यक है, कम से कम ३० मिनट का अन्तर रहे तो अच्छा है।

**आसन व शारीरिक क्षमताः -** प्रश्न स्वाभाविक है कि आसनों का शारीरिक क्षमता पर क्या प्रभाव पड़ता है ? हम कहेंगे कि ह. प्र. में साफ लिखा है कि -
'कुर्यात्तदासनम् स्थैर्यमारोग्यं चांगलाघवम् ह. प्र. I/17.

**अर्थात्: -** आसन के अभ्यास से स्थिरता, आरोग्य और शरीर में स्फूर्ति का सञ्चार होता है।

हमारे यहाँ हुए प्रयोगों से यह बात सिद्ध हो चुकी है कि शरीर व मन की क्षमता व एकाग्रता में आसनों से वृद्धि होती है। जो अधिक विस्तार में जानना चाहें वे कैवल्यधाम से निकलने वाली पत्रिका योगमीमांसा देखें।

**आसनों से खिलाड़ियों की कुशलताः -** आसनों का मुख्य उद्देश्य राष्ट्रीय या अन्तरराष्ट्रीय प्रतियोगिताओं के लिये खिलाड़ी तैयार करना नहीं रहा है। हाँ, इतना अवश्य है कि आसन करने से शारीरिक क्षमता, लचीलापन, एकाग्रता, कुशलता व दम में वृद्धि होती है। इसका लाभ हमारे खिलाड़ियों को भी मिल सकता है, यदि अन्य बातें सामान्य हों तो। कहावत है कि एक घंटे शीर्षासन करने से बाल काले हो सकते हैं, किन्तु तभी जब २३ घंटे की दिनचर्या अनुशासित हो। यही बात खेल व खिलाड़ियों तथा सामान्य व्यक्तियों पर लागू होती है। आसन, प्राणायाम का पूरा लाभ लेना हो तो अनुशासन में रहना होगा।

**स्त्रियों के लिए कौन से आसन कब वर्जित हैं: -** सामान्यतया गर्भावस्था के प्रथम तीन मास में उड्डीयान, पश्चिमोत्तान, योगमुद्रा, अर्धमत्स्येन्द्रासन को या वे आसन जो पेट पर काफी दबाव लाते हैं, उन्हें छोड़कर अन्य आसन कर सकती हैं।

मासिकधर्म के समय सभी आसन बन्द रखने चाहिए, उसका कारण केवल एक ही है कि आसनों से

उत्पन्न होने वाले ऋणात्मक तथा घनात्मक दबाव से रक्तस्राव में वृद्धि हो सकती है तथा वहाँ की नाड़ियों में खिंचाव आ सकता है। अतः सावधानी ऐसी हो ताकि किसी भी प्रकार की हानि की संभावना न रहे। वैसे ही मयूरासन को अपने शिक्षक की राय से ही करें।

और अन्त में, परिशिष्ट के रूप में हमने योग की प्रचलित पारिभाषिक शब्दावलियों जैसे नाडियों के नाम, अष्टांग योग, चक्र तथा वायु के नाम आदि को दिया है ताकि योग के जिज्ञासु इनसे परिचित हो सकें। यह उनके आगे के योगाभ्यास में सहायक सिद्ध होगा ऐसी आशा है।

यद्यपि हमने इस पुस्तक में अनेक विषय वस्तुओं को डालकर अधिक से अधिक छात्रोपयोगी बनाने का प्रयास किया है फिर भी यह दावा नहीं किया जा सकता कि प्रस्तुत ग्रन्थ सभी दृष्टिकोणों से परिपूर्ण है, अतः मेरा सभी पाठकों से अनुरोध है कि वे हमारी सीमाओं को देखते हुए इसमें किसी कमी के लिये हमें क्षमा करेंगें तथा उनसे यह बिनती है कि यदि इस पुस्तक के सन्दर्भ में कोई सुझाव हो तो वे उसे अवश्य भेजें, ताकि अगले संस्करण में उसे सुधारा जा सके।

* * * * *

# INTRODUCTION

The book **"Āsana - Why And How ?"** is not written because there was no book on Āsanas, nor because I could write the best one, but I felt a long standing need for a book in simple language which could go directly in the mind of the general public. It was a necessity of the time. In 1977 when the Ministry of Education, Government of India, constituted a committee to prepare a syllabus on Yoga Education for school and college level and when this syllabus was ready, the idea came to my mind to write a book according to the prepared syllabus.

ĀSANA by Swāmī Kuvalayānandaji is supposed to be the best book on Āsanas. Even today, it is as important as it was in 1924, when it was first published. All books on Āsanas available till today are in some way or other indebted to the above book 'Āsanas' by Swamiji. How can I be an exception to that? Whatever little I could grasp in this field, is nothing but absolutely his blessings. This I accept with all humbleness of mind to his greatness.

The title **"Āsana Why and How ?"** appears to be a little unusual but it is selected after due consideration of reader's curiosity. So far, we have been telling that Āsanas should be done, but none has explained sufficiently why should they be done. I do not know why I had a great desire that the curiosity of the reader to know the utility of Asanas must be explained properly. Thus, I thought to explain why and how they should be done. Today, a particular Asana is explained by different teachers in different ways which lead to confusion. Therefore, it is necessary that the practitioner must know why only a particular technique is necessary. Once a foreign lady humbly remarked that today here are not yogis, they are the merchants of Yoga. Though I tried to explain in my own way that this rule cannot be universal but still in my heart I remembered the couplet of Hindi poet Tulsidas who said, "Whosoever will keep long hair, nails will be respected as a yogi irrespective of his qualities".

Before I take up the question **Why Āsanas ?** I should explain what is Āsana. The Hindi poet Charandas replies in simple way. There are 84 million postures and these are nothing but the pattern of sitting of different species, means the different species using the different posture, for their comfortable sitting which are known as Āsanas. In the beginning the postures which were used for prolonged sitting performing the spiritual practices like Sandhya, meditation, pooja and fire ceremony were known as Asanas. The same is quoted in Bramhasutras - āsīnaḥ sambhavāt; also in Shrimad Bhagawat Gita-samaṃ kāyaśirogrīvaṃ (6.13).

But the approach changed in due course of time. The position of innumerable creatures were considered to be innumerable Postures (Āsanas) as referred by Gorakṣā Nāth in 10th century A.D.. But in my opinion the sculpture, discovered in Mexico dated 3500 B.C. clearly tells us that Haṭhayogic Asanas were popular even in that period. If we cannot go back to the history, due to our own limitations then we cannot say that in the ancient India Haṭhayogic Āsanas were not popular. Therefore we take it for granted that Āsanas are that part of our practices which not only taught the humanity how to sit, but also taught how to be healthy and thus leading to open the new channel through which the pranic current could flow easily into Suṣumnā. This is why the wellknown author of Guhya Samaj Tantra Asanga (3rd century A.D.) wrote - 'yadā na sidhyate bodhi hatha yogena sādhayet', (if you cannot achieve bodhi through Buddhist means try to practise through Haṭhayoga). Thus it is very clear that Haṭhayoga never lost its importance. We get the answer that, the practice of Āsana, is necessary to teach us how to sit erect keeping ourselves healthy and channelising the current of prāna towards the final goal of spirituality.

Today Āsanas have another responsibility and importance from the point of view of physical health. In this regard, I would like to quote my teacher Swāmi Kuvalayānandaji who wrote in his book *Āsanas*:-

"The organs of the human body are made up of tissues. This is the reason why the health of human body depends on the health of tissues. According to physiology there are three conditions of health of the different tissues of the human body. These are : -

i) Constant supply of proper nourishment and of the internal secretions of the endocrine glands;
ii) Effective removal of waste products; and
iii) Healthy functioning of the nerve-connections. Cultural poses are fully capable of fulfilling these conditions."

Let us see how?

(i, ii) Elements necessary for nourishment of tissues are carried to them by blood. Such a supply depends not only on the quality and quantity of food but also on the power of digestion and absorption of the digestive system. This, and the circulatory system can be kept in efficient condition through cultural poses. The gentle and automatic massage of the digestive organs required for the smooth functioning of digestive system can be more effective only when the abdominal muscles are strong and elastic. Bhujaṅgāsana, Śalabhāsana, Yoga-Mudrā, Paśchimatāna, Vakrāsana and Ardha-Matsyendrāsana, etc. make the abdominal muscles strong and elastic. They are also helpful in keeping the abdominal organs in their respective places and effect in to remove the waste materials properly. Thus the second condition of human health also is fulfilled. Bhujaṅgāsana, Śalabhāsana and Dhanurāsana are fine stretching postures for the front abdominal muscles and serve as contracting postures for the back muscles. Yoga-Mudrā, Paśchimatāna and Halāsana require vigorous contraction of the front abdominal muscles and the back muscles experience a very healthy stretch. Uḍḍīyāna gives a vertical massage and Nauli gives a lateral massage to the abdominal organs.

Circulatory system is vitally connected as regards to the nourishment of the tissues. Yogic poses render a very good help in the following manner. The contraction and relaxation of the heart cause the circulation of blood throughout the body. The heart is made up of the strongest muscular-stuff, but it can always be made healthier by means of proper Yogic exercises. For example, Uḍḍīyāna and Nauli raise the diaphragm so high in the thoracic cavity that they give a very good massage from below to the perpetually working heart. In these exercises the heart is alternatively subjected to a decrease in pressure and thus gets an opportunity of building a healthier muscle. Further, it is through veins that the impure blood is brought back and there are such troubles as vericose veins etc., which cause obstructions in blood circulation. However such troubles can be got rid of by practising Śirṣāsana, Sarvāṅgāsana and Viparītakaranī. In these exercises, the body is placed in upside- down position which enables veins to drain themselves in to the heart without any exertion. Further, the veins get a short relief which helps in both maintaining and recovering their health.

Another important element of nourishment is oxygen. Practice of Āsanas keeps the respiratory system in an efficient condition. Breathing activity depends on the health of lungs and respiratory muscles. Śalabhāsana and Mayūrāsana make them strong and elastic. Because Śalabhāsana requires deep inhalation and retention of breath for a few seconds, the pressure forces air into every cell of the lungs and opens it out for active work. The deep expiration necessary in Uḍḍīyāna and Nauli builds the respiratory muscles which are necessary for adequate supply of oxygen to the circulatory system. Sarvāṅgāsana, Viparītakaraṇī, Matsyāsana, Jihvā-Bandha and Siṃha-Mudrā have been found useful in the treatment of tonsilitis, adenoids and chronic nasal catarrh.

Human health depends not only on the adequate supply of nourishing elements but also on the internal secretions of the endocrine glands. In preserving the health of these glands just mentioned above, Yogic exercises have been found to be excellent exercises for the thyroid also. The pituitary and the pineal glands are best taken care of by Śirṣāsana. So far as the adrenals are concerned, Bhujaṅgāsana, Dhanurāsana, Uḍḍīyāna and Nauli are capable of preserving their health. For making the testes and ovaries healthy, Sarvāṅgāsana, Uḍḍīyāna and Nauli have been observed to have great efficacy.

(iii) The third condition of the health is the healthy functioning of the nerve-connections. The network of nerves is such that there is not a single tissue in the human body that has not got its own nerve-connection. It is mainly because of their nerve-connections that the tissues are able to perform their work. Thus the tissues will remain healthy and active only if the nerves connected with them are in a healthy condition. Śirṣāsana and Viparītakaraṇī, by sending a richer blood supply to the brain, ensure its health and also the health of the cranial nerves supplying the different organs of senses. All the Yogic poses are excellent spinal exercises. Uḍḍīyāna and Nauli operating through the diaphragm have a special value in promoting the health of the spinal cord and also of the sympathetic cords. Śalabhāsana, Ardha-Śalabhāsana and the first part of Śarvāṅgāsaṇa and Viparītakaraṇī take care of the nerves of the lower extremities, whereas the part played by the upper, extremeties, in the techniques of Śalabhāsana, Mayūrāsana, Sarvāṅgāsana, Viparītakaraṇī, etc. preserve the health of the nerves. Thus Āsanas are found capable of preserving the health not only of the brain and the spinal and sympathetic cords but also of all the cranial and spinal nerves spreading throughout the body.

Bodily activities depend also upon skeletal muscles. So far as the thoracic and abdominal muscles are concerned, Yogic poses do train them, but they are not calculated to develop strong muscles for the arms or the legs. However, ordinary muscular needs of a civil life are entirely satisfied by the Yogic poses.

Every meditative pose requires the spine to be kept erect. This is with a view to eliminate the possibility of the compression of the abdominal viscera and also to free the mind from the burden of the body and not with a view to keep it in its proper place and allow it to function properly.

The second physiological feature of the meditative postures is their capacity to keep a richer blood supply playing about the pelvic region and thus to tone up the coccygeal and sacral nerves. This increased blood supply and consequent toning up of the nerves, are to some extent responsible for the awakening of Kundalinī, of course when other Yogic exercises are coordinated.

The third physiological feature is the minimum production of carbon-dioxide. It is because meditative poses involve very little muscular activity. In such a physiological condition both the lungs and the heart have a tendency to slow down their speed and when these poses are maintained for a considerably longer time, breathing becomes so shallow and the heart beats in a so controlled manner that all the activities of the yogic student appear to have come to a stand-still. Such being the state of the physiological condition of his body, the Yogic student finds himself free first to direct his mind inward to fathom its own mysteries, then to isolate himself even from his mental equipment and stand face to face with Reality-ultimately to be one with that.

We have in brief seen the effect of Āsanas on our body and mind, the total personality of ours is related with our actions. Hence, it implies, if we want to stay healthy then Āsanas are necessary. Patañjali has very rightly said "*Sthira sukham āsanam*". That is stability and feeling of well being are the results of Āsanas. Sutra can also mean that the posture which is comfortable and stable is an Āsana. If the above is the description, then lying down is most comfortable, but can it be called an Āsana? Śri Svātmārām has clarified it in Haṭha-Pradīpikā - "Kuryāttadāsanaṃ sthairyamārogyaṃ cāṅgalāghavam". This implies that Āsanas should result in stability and absence of disease, as well as contributing to lightness of the body and feeling of well being. If this was not the case Āsana will not remain Āsana and would be an exercise. Hence the basic question arises how to do Āsanas and Maharshi Patañjali has explained it very beautifully - "Prayatnaśaithilyānantasamāpattibhyām". It means, while doing Āsanas, effort should be minimum. As regards the mind it should not waver but should be applied to the infinite or on our breath, so as to reduce tension. This is the direction proposed by Patanjali. it is clear that if Āsanas are performed as exercises, they will be more tiring, which will increase the quantity of "Rajas" and hence the body unstable and the mind fickle. Kama (Sex), anger, greed, attachment, enmity etc., will increase. Hence the important point in the way of eradication of these two and making the mind and body free from all diseases. Hence the solution lies in knowing how to do the Āsanas. In popular language it is said that haste is waste; the same is applicable to the Āsanas. This saying has to be remembered. By effort and stability Maharshi Patanjali means the minimum use of force. Let the Asanas happen, doing should be minimum. Whenever the question of "doing" arises, instantly, voluntary force comes into action. But when we talk of happening, we ourselves become the observer in order to see what happens and this feeling forms a positive attitude in us. Because of this attitude the physical tensions are minimised and the mind tends to a void. While doing Āsanas if our mind is let free it will take us anywhere and this will lead to tension at conscious level. If this is the case the whole motive of Āsanas comes to an end. Hence, while doing Āsanas, if we apply our mind to infinite or void then the physical and mental tensions are minimised.

Classification of Āsanas : Swāmi Kuvalayānanda has classified Āsanas in 2 main levels. The two main categories are Meditative and Cultural. Cultural also has sub classification viz. Relaxative. The Relaxative postures are fatigue releasing postures.

**ĀSANAS**

**Meditative**

1) *Padmāsana*
2) *Siddhāsana*
3) *Svastikāsana*
4) *Samāsana etc.*

**Cultural**

**Physical**

1) *Śīrṣāsana*
2) *Sarvāṅgāsana*
3) *Bhujaṅgāsana*
4) *Halāsana*
5) *Supta-Vajarāsana etc.*

**Relaxative**

1) *Shavāsana*
2) *Makarāsana etc.*

While doing Āsanas, we should keep in mind that if Āsanas are done merely by seeing here and there they will lead to several diseases. Therefore, some important points to be remembered, while performing Āsanas are :

1) Āsanas should not be practised merely from books, the guidance of a teacher is also necessary.
2) Āsanas should not be performed with jerks, but slowly, step by step and gradually upto the final pose. The return should be in the same way.
3) The final posture should be maintained for some time, but in no case under tension.
4) Do not practise beyond your limitation.
5) There should not be a competitive attitude. This is harmful and should be avoided.
6) Concentrate on the effects of Āsanas on mind and the body.
7) Every Āsana is to be followed by Shavasana. But it does not mean that it is harmful if you cannot practise Shavasana after every Asana.
8) If possible, maintain a diary of Āsanas showing the duration of the practice of each Āsana.
9) In case of an injury or illness the teacher should be consulted and followed.
10) Never think about breathing while doing Āsanas. The constitution of the whole body is such that the breathing is adjusted as per the situation e.g. when we put a thread into the needle or when we lift weight or when we do Śalabhāsana, Mayūrāsana the breathing is adjusted automatically. Hence, we should not mix breathing with postures. But during

Prāṇāyāma people suffering from High B. P., Heart disease, Asthama, the teacher should be consulted.

ii) The place should be clean and ventilated. Regarding Āsanas some basic question have been raised and their solutions are given simultaneously :

**Time** : What is the best time for practising Āsanas?

The early morning is the best time to perform Āsanas. It is to be kept in mind that after lunch up to 4 (four) hours, no Āsana, Mudrā or Prāṅāyāma should be practised. But Vaman, Dhauti may be performed, if necessary. For people having weak gastric fire, even four hours gap is not sufficient. They should start practice at least 5 to 6 hours after lunch.

## BATH

It is usually asked whether Āsanas should be performed before or after the bath? Whether the water used for bathing should be hot or cold? We will answer these questions as per Swātmārāma who says that adhering to the rules strictly is also an obstacle. This is also true with regards to bathing. The people from Kashmir or any other cool place would like to have bath in hot water. It will facilitate the flow of blood and will also make the muscles flexible. In the same way people from warmer regions should take the bath with cold water. Hence, while considering time and bath their respective effects on one's body should be considered. Normally, bathing before Āsanas is considered favourable. For people who sweat more and also if the sweat stinks, bathing after the performance of Āsanas should be considered preferable. However, the time gap between the Āsanas and bath should be minimum 30 minutes.

## DIET

With regard to diet, the most common question asked is, what and how much should a Yoga practitioner eat? Swātmārāma has very simply and aptly answered indicating towards 'Mitāhāra'. "Eating sweet and junctuous food offered first to the Almighty (that is, not eaten for ones satisfaction), leaving one-fourth of the stomach empty - this is known as Mitāhāra" H.P. I/58.

Regarding constituents of food, he says:

"The good grains, wheat, rice, barely and Shastika (a special variety of rice), milk, ghee, sugar, butter, sugarcandy, honey, dry ginger, the Patolaka fruit (Paravara-a kind of cocumber), the five leafy vegetables, green gram and rain water collected when the Sun is in Maghā (the tenth lunar mansion) etc. are considered to be wholesome food for advanced Yogins". H.P. I/62.

Another question about diet is whether the non-vegetarian food is advisable? Here there are two points to be considered. As far as our mental state is concerned we can get rid of anger and tensions by avoiding food rich in protein. Today it has been unanimously accepted that the vegetarian food also contains all those nutrients which are present in non-vegetarian food. Hence it is the duty of vegetarians to popularize the vegetarian food amongst the non-vegetarians and Westerners, because they do not have the idea that through vegetarian articles delicious dishes can be prepared. Of course, the vegetarian diet should contain varieties of articles to get the nutrition value. Here I wish to invite attention to the question - why should the life of another living-being be the source of our palatable (taste) happiness? Let us keep this in mind: the animal being led to the slaughter-house is terror-stricken before it is slaughtered due to which its bloodstream is contaminated with certain hormones which can be detrimental to those who consume the non-vegetarian diet by the way of mental and physical strains. And, have we ever thought another factor: "Why do the Non-vegetarians consume the vegetarian animals only?" I request the readers to think over this.

## PLACE

Many a time, it is asked whether the Āsanas have to be performed in the solitude or in the open air? Otherwise, what should the people of the cities do? Clean air is definitely better and hygienic. While doing Āsanas, we should avoid artificial air. The place chosen should be such that the disturbance is to the minimum. The quotation "**Ekānte maṭhikā madhye**..." does not refer to common man. It refers to the Yoga practitioner engrossed in meditation and higher spiritual pursuits.

## SURGERY

Normally, it is asked, how long one should avoid the practice of Āsanas after being surgically operated for piles or ulcers etc? For this purpose, one is advised to consult his teacher. Normally, one could restart the practice of Āsanas after six months or so, when the affected parts and muscles would be strong enough to bear the pressure.

What should be the sequence of Āsanas and Prāṇāyāma ? The answer to the above question is so simple and clear that there is no room for confusion, if we follow the instruction of Swātmārāma. Swātmārāma has clearly said:

"Āsanas, different types of Kumbhakas, practices called Mudrās, Nādānusandhāna - this is the correct sequence for the practice of Hathayoga." H.P. I/56.

Patañjali has also said:

*"Tasmin sati śvāsapraśvāsayorgativiccehedahprāṇāyāmah"*, after establishing oneself in a stable posture, Prāṇāyāma, has to be performed. Even if Āsanas are preceded by Prāṇāyāma, no problem occurs. Normally Āsanas are done before Prāṇāyāma.

## DURATION OF AN ĀSANA

This depends on the availability of time. Keeping in view the availability of time, a man of normal health should practise Āsanas for 45 minutes daily and Prāṇāyāma for 15 to 20 minutes daily. If Kriyas are to be practised, 30 minutes should be devoted for them.

**In case of diseases** : Can Āsanas be performed during a disease or not, is another common question. For certain diseases, Āsanas could be helpful, but for some others the effects thereof could be adverse. For example, in the case of ulcers, heart diseases, tuberculosis and high blood pressure, Āsanas like Sarvāṅgāsana, Viparītakaraṇī, Paścimatāna, Halāsana and Uḍḍīyāna would be harmful whereas Supta-Vajrāsana, Siṃhamudrā, Śītali, Chandrabhedana, Śavāsana, Vajrāsana, Chakrāsana, Tongue-lock, etc. are helpful. The same is applicable in hernia, appendicitis, acidity, cold, asthama, bronchitis and colitis, where some Āsanas could prove helpful, while some others will give rise to ill effects. Hence a teacher must be consulted at this juncture. And it should always be kept in mind that the Āsanas are performed very cautiously when you are a patient.

If we do not feel like doing Āsanas?

In that case, we should try to analyze the reason for our laziness and try to see whether the mind is wandering or we are feeling fatigue or lethargy. We should know our mind and accordingly we should train it. The good effects of Āsanas should always be borne in mind. In case of unavoidable circumstances, the practice may be dropped for the time being. Otherwise the normal yogic routine should not be broken. Remember, health is the foremost necessity for a person to encounter the present day atmosphere and society successfully.

**Āsanas and Other Physical Exercises:** As we know, in the physical culture, heart has to do extra amount of work to get rid of impure blood resulting in the increased heart rate. This does not apply in the case of Āsanas. Hence, there should be at least 30 minutes gap between Āsanas and other types of physical exercises.

**Āsanas and Physical Efficiency:** The question is common: What is the effect of Āsanas on physical efficiency? It has been clearly stated in Haṭha Pradīpikī that Āsanas bring mental as well as physical steadiness, health and a feeling of lightness (H.P. I/17).

Our experiments in the laboratory also have proved that the efficiency of the body and concentration of mind increases by the practice of Āsanas.

**Āsanas and the welfare of sportsmen:** The main goal of Āsanas is not to prepare sportsmen and women at national or international level but certainly, it has been seen to increase their efficiency, flexibility, concentration and strength. Our sportsmen could also be benefitted by Āsanas if other situations are normal. It is popularly said that a person doing Śīrṣāsana for an hour can turn the colour of his grey hair into black provided the rest of 23 hours are also disciplined. The same is applicable specially for sportsmen and women and people in general. If one wants to be benefitted by Āsanas and Prāṇāyāma one should lead a disciplined life.

**Limitation for Women** : Which Āsanas are not to be done by women and when? Normally, during the first three months of pregnancy Uḍḍīyāna, Paścimatāna, Yoga-mudrā, Ardha-Matsyendrāsana and all those Āsanas which give pressure in the abdominal region should be avoided by women. So also, during menstrual periods no Āsana should be practised by women, because the undue pressure exerted during Āsanas may cause increased bleeding. And women should practise Mayūrāsana only under proper supervision and guidance of a trained teacher.

In the end, the Appendix has been provided, giving the popular Yogic Terminology, i.e. the Nāḍis, the different aspects of Aṣṭāṅga Yoga, Chakras, Vāyus, etc., so that students of Yoga may become familiar with them which will facilitate their further study and practice of Yoga in future.

Even though we have tried to present the maximum material to help the students of Yoga, it cannot be claimed to be complete in every respect. We pray to our readers to excuse our limitations and request them to send us their suggestions for improvement of the book in the next edition.

*****

# ĀSANA
# WHY & HOW

# १. स्वस्तिकासन

## 1. SVASTIKĀSANA

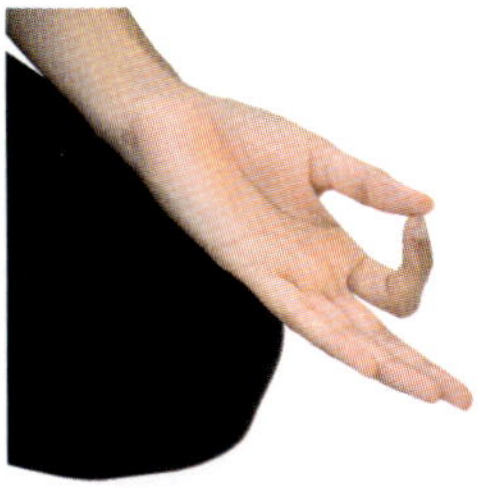

**जानूर्वोरन्तरे सम्यक्कृत्वा पादतले उभे।**
**ऋजुकायः समासीनः स्वस्तिकं तत् प्रचक्षते।।** (ह. प्र. १/१९)

jānūrvorantare samyakkṛtvā pādatale ubhe /
ṛjukāyaḥ samāsīnaḥ svastikaṃ tatpracakṣate) //(H.P. 1/19)

दोनों पांव के तलुवों को (एक दूसरे के विपरीत) घुटने और जंघा के बीच में अच्छी तरह स्थापित कर तथा शरीर को सीधा रखकर सन्तुलित रूप से बैठना इसे स्वस्तिकासन कहते हैं।

Setting properly (i.e.evenly) the two soles (i.e. feet) between the opposite thighs and knees, sitting on level ground with body erect, this is known as Svastikāsana.

## विधि:-

## Technique:-

१. दोनों पैर मिली हुई अवस्था में सामने फैला कर बैठ जाइये, हाथ बगल में, हथेलियां ज़मीन पर, अंगुलियां सामने मिली हुई अवस्था में रहेंगी ।

1. Sit with your legs together, extending them outward in front of you. Place the hands by the sides of the body, palms on the ground, and fingers together pointing forward.

२. अब अपना दाहिना पैर घुटने से मोड़कर बायें पैर की जांघ के मूल में सटा लें ।

2. Fold right leg at the knee and place the heel of the right foot against the root of the left thigh.

३. बायें पैर को भी इसी प्रकार मोड़कर दायें पैर की जांघ के मूल में सटा लें ।

3. Folding the left leg, place the left foot near the root of the right thigh.

४. अपने दोनों हाथों को दोनों घुटनों पर ज्ञानमुद्रा की स्थिति में रख लें ।

4. Put both hands on the knees in Jñāna Mudrā.

५. वापस आते समय पहले बायें पैर को जांघ व पिंडली की मांसपेशी के मध्य से निकालकर सीधा रख लें ।

5. Return in reverse order by stretching out the left leg first.

६. अब दायां पांव भी जंघामूल से हटाकर सीधा कर लें और सीधे बैठ जायें ।

6. Stretch out the right leg and return to the starting position.

**टिप्पणी:-** इसकी गिनती बैठकर करने वाले ध्यानात्मक आसनों में की जाती है । भारतीय संस्कृति में स्वस्तिक चिन्ह 卐 मंगलसूचक प्रतीक के रूप में विख्यात है । जब हम यह आसन करते हैं तो हमारे पैरों की स्थिति का निकटतम आकार स्वस्तिक जैसा होता है, इसी कारण इसका नाम स्वस्तिकासन पड़ा ।

**Note: -** This is a meditative posture. In Indian culture Svastika 卐 is an auspicious and popular symbol. This posture is called Svastikāsana because the position of the legs resemble a Svastika.

**ध्यान रहे कि -**

१. रीढ़ की हड्डी सीधी रहे, सीधे होकर बैठें ।

२. पैरों के तलवे जांघ व पिंडली की मांसपेशी के मध्य में अन्दर रखें ।

**Remember:-**

1. Sit erect keeping the spine straight.
2. Both feet should be placed between the thigh and calf muscles.

## २. उत्तानपादासन

## 2. UTTĀNAPĀDĀSANA

यह परम्परा से आया हुआ आसन है । यह हलासन-सर्वांगासन-विपरीतकरणी की अर्ध अवस्था है ।

This is a traditional posture. It can be viewed as the first stage of Viparītakaraṇī-Sarvāṅgāsana-Halasana.

**विधिः-**

**Technique:-**

१. पीठ के बल सीधे दोनों पैर मिलाकर लेट जाइये । दोनों हाथ सीधे जंघाओं के पास, हथेलियां खुली हुई जमीन से लगी रहेंगी ।

1. Take the supine position with the legs together and hands by the side of the body. Palms should be resting on the ground facing downward.

२. धीरे से दोनों पैर साथ-साथ उठाइये और ३०° कोण पर ले जाकर रोकिये ।

2. Slowly, without bending your knees, raise both legs together up to a 30° angle.

३. थोड़ी देर रोकने के बाद ४५° कोण तक ले जाइये ।

3. Holding this position for a few seconds, further raise the legs up to a 45° angle.

४. थोड़ी देर रुकने के पश्चात् पैरों को ६०° कोण तक ले जाइये एवं कुछ देर तक रोकिये ।

4. Again raise the legs up to a 60° angle. Maintain this position for some time.

५. वापस आते समय पैरों को ४५° अथवा ३०° कोण पर थोड़ी देर तक रूकिये ।

5. Slowly return and stop at either a 45° or 30° angle. Hold your legs here for a few seconds.

६. अब पैरों को सीधा जमीन से लगा लीजिये ।

6. Finally, bring both legs on the ground.

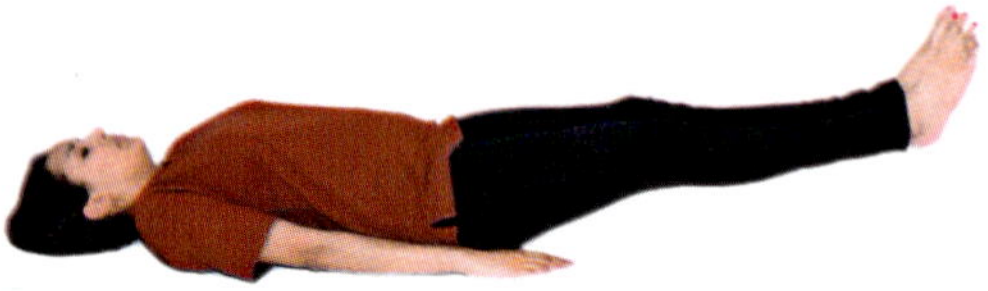

### ध्यान रहे कि:-

१. यह आसन पेट के निचले हिस्से में काफी दबाव व खिंचाव पैदा करता है, अतः क्षमता के अनुसार करें ।

२. प्रारम्भ में पैर उठाते समय हाथों पर दबाव डाल कर सहायता लें ।

३. पांव ऊपर उठाते और नीचे लाते समय घुटने को न मोड़े ।

### Remember:-

1. This posture involves high pressure and stretching of the lower abdomen. Hence, it is important to practice according to one's own capacity.
2. Beginners can take the help of their hands to raise the legs.
3. Do not bend your legs at the knees while raising or lowering them.

### लाभ एवं सीमायें:-

१. जो लोग मधुमेह, कब्जीयत, अजीर्ण आदि रोगों से पीड़ित हैं और जिन्हें दुर्बलता है उनके लिए यह आसन लाभकारी है ।

२. जिन लोगों को कमर दर्द (Lumbar spondylosis) तथा मांसपेशियों में ऐंठन की शिकायत हो वे इसे न करें ।

### Benefits and Limitations:-

1. This Āsana is very beneficial for those suffering from diabetes, constipation, indigestion and weakness of the nervous system.
2. People suffering from lumbar spondylosis and pulled muscles should not practice it.

## ३. भुजंगासन

## 3. BHUJAṄGĀSANA

**अङ्गुष्ठ नाभिपर्यन्तमधोभूमौ च विन्यसेत् ।**
**धरां करतलाभ्यां धृत्वोर्ध्वशीर्षः फणीव हि ।।** (घे. सं. २/४२)

aṅguṣṭhanābhiparyantamadhobhūmanu ca vinyaset /
dharām karatalābhyāṃ dhṛtvordhvaśīrṣaḥ phaṇīva hi //42// (G.S. 2/42)

पैर के अंगूठे से लेकर नाभि पर्यन्त (शरीर) भूमि से लगायें । हथेलियां जमीन से लगाकर सिर सर्प के फण की तरह ऊपर उठायें ।

Let the lower part of the body from the toes upto the navel touch the ground. Place the palms on the ground and raise the hood like a cobra.

## विधिः-

## Technique:-

१. जमीन पर पेट के बल लेट जाइये, दोनों पैर मिलाकर पैर की अंगुलियाँ पीछे, तलुवे आकाश की ओर, हाथ बगल से सटे हुए सीधे पीछे की ओर अंगुलियाँ मिली हुई, हथेलियां आसमान की ओर, माथा जमीन से लगा रहेगा ।

1. Take the prone position lying with legs and feet together and toes pointing outward. Hands should be by the sides of the body, fingers together, palms facing upward with the forehead resting on the ground.

२. हाथों को कुहनियों से मोडिये, तथा हथेलियां कंधे के पास अपनी छाती के करीब बगल से लगाइये, अंगूठा बगल के गढ्ढे से लगा रहेगा ।

2. Bending the arms, place both hands on the ground near each side of the shoulder. The thumbs should be below the armpit near the chest and the elbows should be close to the body.

३. ठोड़ी जमीन से लगाइये । दृष्टि सामने । या सर को थोडा ऊपर उठाते हुए ठोड़ी को जमीन से लगाइये । दृष्टि सामने की ओर ।

3. Bring the chin forward and place it on the ground. Gaze in front.

४. ठोड़ी उठाइये, सर पीछे की ओर जितना मोड़ सकें मोड़िये, नाभि से ऊपर वाले शरीर के भाग को उठाइये । नाभि को न उठावें बल्कि नाभि तक ही उठावें ।

4. Raising the chin, tilt the head slightly back, raise the shoulders and thorax, and curve the spine backwards stopping at the navel. Do not raise beyond the navel.

५. थोड़ी देर तक रोकिये, फिर धीरे से नाभि के ऊपर का प्रदेश नीचे लाइये, छाती, कंधे, ठोड़ी और अन्त में गर्दन नीचे लाइये तथा माथा जमीन पर टिका दें ।

5. Maintain this posture for some time. Then, slowly bring your body on the ground in reverse order. Start with the navel region and then lower the thorax, the shoulders and the chin. Lastly, place your forehead on the ground.

६. अब हाथों को शिथिल कर के जंघाओं के बगल में ले आइये ।

6. Finally, relax your arms and place your hands by the sides of your thighs.

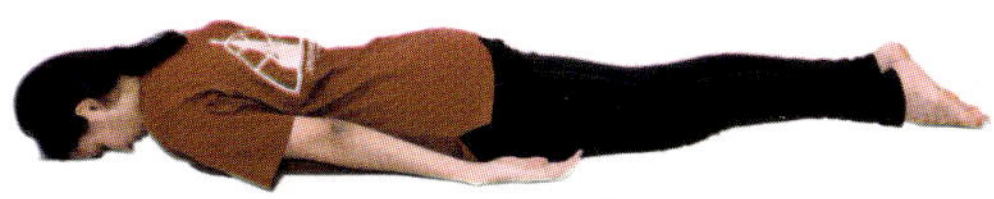

**टिप्पणी:-** संस्कृत शब्द भुजंग का अर्थ होता है सर्प। इस आसन के करने से फण उठाये हुए सर्प के आकार की सी स्थिति बनती है, अतः इसे भुजंगासन कहा गया ।

**Note:-** In Sanskrit, Bhujaṅga means Cobra. The final position of this Āsana resembles the 'Hooded Snake.' Hence, it is called Bhujaṅgāsana.

**ध्यान रहे कि:-**

१. हाथों की अंगुलियां परस्पर मिली रहेंगीं ।

२. झटका देकर शरीर न उठावें ।

३. नाभि या नाभि से नीचे का भाग किसी भी हालत में ऊपर न उठे ।

४. हाथों पर वजन कम रखें, रीढ़ एवं कंधों पर वजन बांटें ।

५. हाथ का अंगूठा आसन करने की स्थिति में बगल के गड्ढ़े के अन्दर की ओर छाती को स्पर्श करेगा ।

६. प्रारम्भ में वजन हाथों पर रह सकता है ।

७. वापस आते समय कुछ लोग पहले सर झुका लेते हैं, वे ऐसा न करें, जो हिस्सा पहले उठता है वह अन्त में जमीन पर आता है ।

**Remember:-**

1. Fingers of the hands must remain together.
2. Avoid jerky movements while raising your body.
3. Do not raise the navel during this posture.
4. Put minimum weight on your hands. Divide the weight between the spine and arms.
5. While in the final position, the thumbs should touch the sides of the body below the armpit.
6. Beginners can rest the weight on their hands.
7. While returning, avoid tilting the head forward first. The part of the body which leaves the ground first will return to the ground last.

**लाभ एवं सीमाएं:-**

१. इसका प्रभाव शरीर की मांसपेशियों में गहराई से होता है ।

२. जैसा कि स्वामी कुवलयानन्दजी ने कहा है, भोजनोपरान्त होने वाले अफरे में यह अत्यन्त लाभकारी है ।

३. दमा, मन्दाग्नि तथा वायुदोषों पर इसका विशेष प्रभाव है तथा इससे रीढ़ की हड्डी लचीली बनी रहती है ।

**Benefits and Limitations:-**

1. Practicing this posture deeply affects the muscles of the body.
2. Swami Kuvalayanandaji said this posture "is beneficial in flatulence after meals."
3. It is effective for the prevention and reduction of asthma, dyspepsia and Vata diseases. It also keeps the spine flexible.

## ४. अर्धपद्मासन (वीरासन)

## 4. ARDHA PADMĀSANA (Vīrāsana)

**एकं पादमथैकस्मिन् विन्यसेदूरुणि स्थिरम्।**
**इतरस्मिंस्तथा चोरुं वीरासनमितीरितम्।।** (ह. प्र. १/२१)

ekaṃ pādaṃ tathaikasmin vinyasedūruṇi sthiram /
itarasminstathā coruṃ vīrāsanamitīritam //21// (H.P. 1/21)

एक पैर को दूसरी जंघा पर तथा दूसरे पांव को अन्य जंघा के नीचे रखने से वीरासन होता है ।

Place one foot on the opposite thigh and on the other foot the other thigh. This is known as "Vīrāsana".

## विधि:-

## Technique:-

१. दोनों पैर मिली हुई अवस्था में सामने फैलाकर बैठ जाइये, हाथ बगल में, हथेलियाँ जमीन पर, अंगुलियां हाथ की सामने मिली हुई अवस्था में रहेंगी ।

1. Sit with your legs together, extending them outward in front of you. Place the hands by the sides of the body, palms on the ground, and fingers together pointing forward.

२. धीरे से एक पैर (दाहिना) बायें हाथ से पैर का पंजा तथा दाहिने से एड़ी के ऊपर का टखना पकड़कर बांयीं जंघा के ऊपर ले आइये ।

2. Hold the right foot with the left hand. Taking the right hand underneath the right ankle, place the right foot on the left thigh.

३. दूसरे पैर को पकड़कर उसी प्रकार घुटने से मोड़कर दाहिनी जंघा के नीचे ले आइये ।

3. Now, place the left leg under the right thigh.

४. हाथ दोनों घुटनों पर ज्ञानमुद्रा की स्थिति में रखिये और सीधा बैठिये, दृष्टि नासाग्र हो या सामने ।

4. Sit erect and place the hands on the respective knees. Gaze at the tip of your nose or in front of you.

५. वापस आते समय पहले हाथ ढीला छोड़ें तथा बायां पैर दाहिनी जंघा के नीचे से निकालकर सीधा रख लें ।

5. While coming out of the posture, place the hands by the sides of the body and stretch out the left leg first.

६. इसी प्रकार दाहिना पैर बायीं जंघा के ऊपर से हटा कर सीधा रख लीजिये और पूर्वस्थिति में आ जाइये ।

6. Finally, stretch out the right leg and return to the original position.

**टिप्पणी:-** इसमें पद्मासन की आधी स्थिति होती है अतः अर्धपद्मासन के रूप में ही अधिक जाना जाता है ।

**Note:-** This posture is called "Ardha Padmāsana" because the position of the legs is half that of Padmāsana.

**ध्यान रहे कि:-**

१. यह आसन पद्मासन की पूर्व तैयारी कराता है अतः पहले इसका अभ्यास करना चाहियें।

२. आसन की अन्तिम स्थिति में घुटने जमीन को छूने चाहिये।

**Remember:-**

1. It is considered as a preparatory Āsana for Padmāsana, therefore, one should practice this Āsana first.
2. While in the final position, the knees must touch the ground.

## ५. उत्कटासन

## 5. UTKAṬĀSANA

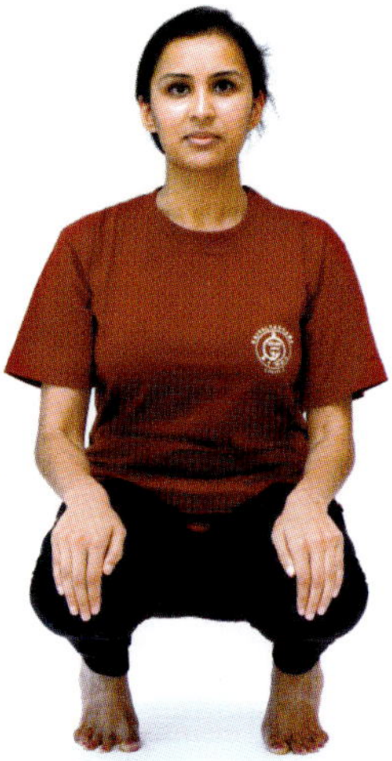

**अङ्गुष्ठाभ्यामवष्टभ्य धरां गुल्फौ च खे गतौ।**
**तत्रोपरि गुदं न्यस्य विज्ञेयं तूत्कटासनम्।।** (घे. सं. २/२७)

aṅguṣṭhābhyāmavaṣṭabhya dharāṃ gulphau ca khe gatau /
tatropari gudaṃ nyasya vijñeyaṃ tūtkaṭāsanam //27// (G.S. 2/27)

पैर के दोनों अंगूठों को जमीन पर भली प्रकार लगाते हुए तथा एड़ी को ऊपर उठाकर गुदभाग को एड़ियों पर रखने से उत्कटासन होता है ।

Firmly fixing two big toes on the ground, the heels being raised up in the air and placing the anus on the heels is called utkatasana.

## विधिः-

## Technique:-

१. दोनों पैर मिलाकर खड़े हो जाइये, हाथ बगल में जंघाओं से सटे रहेगें, दृष्टि सामने की ओर ।

1. Stand erect, legs together, and hands by the side of the thighs, gazing in front of you.

२. दोनों पावों को करीब एक फुट के अन्तर पर रख लीजिये और हाथों को कंधे की ऊँचाई तक लाते हुए सीधे सामने तान लीजिये, हथेलियां जमीन की ओर रहेंगी ।

2. Place the legs approximately one foot apart. Slowly raise your arms in front of you up to shoulder level. Palms should be facing downward.

३. एड़ी उठा लीजिये, पांव के अगले पंजों के बल खड़े हो जाइये और धीरे धीरे अगले पंजों पर भार देते हुए बैठ जाइये ।

3. Raising the heels, stand on your toes. Then slowly bend the knees into a squatting position, putting the weight on your toes.

४. दोनों हाथों को दोनों घुटनों पर रख लीजिये ।

4. Place both hands on the respective knees.

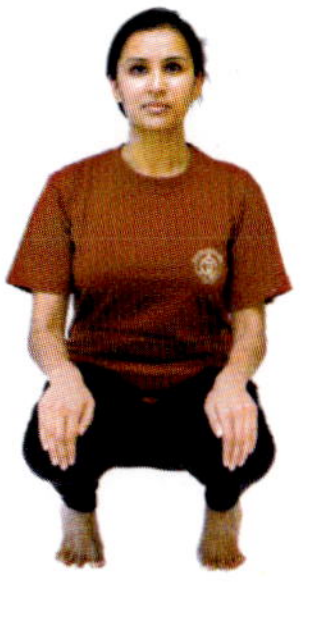

५. थोड़ी देर बाद वापस आते समय दोनों हाथों को घुटनों पर से हटाकर कंधे की ऊँचाई में सीधा कर लीजिये ।

5. After some time, prepare to return by lifting the arms back to shoulder level in front of you.

६. धीरे धीरे सन्तुलन बनाये रखते हुए पैर के अगले पंजों के बल खड़े हो जाइये और तब एड़ियों को जमीन से लगा दीजिये ।

6. Keeping your balance, slowly return by standing erect on the toes. Then gently place the heels on the ground.

७. हाथों को शरीर के बगल में ले आइये और पांवों को मिलाते हुए पूर्वस्थिति में आ जाइये ।

7. Bring the hands by the sides of the legs, step the feet together, returning to the original position.

**टिप्पणी:-** इस आसन की अन्तिम स्थिति में कटि का भाग थोड़ा ऊपर उठे रहने के कारण ही इसे उत्कटासन कहा गया। यह आसन सामान्यतया बस्ति-क्रिया के लिए उपयुक्त है ।

**Note:-** This posture is called Utkaṭāsana, because during the final stage of this Āsana, the hips should remain above the heels. It is also useful for Basti Kriya (one of the six purificatory processes).

**ध्यान रहे कि:-**

१. यह एक सन्तुलनात्मक आसन है, अतः पंजों के बल बैठते समय अथवा उठते समय सन्तुलन बनाये रखिये ।

२. अन्तिम स्थिति में कमर के ऊपर का भाग सीधा रहे ।

३. एड़ियों पर भार देते हुए न बैठें ।

**Remember:-**

1. This is a balance pose. Therefore, maintain your balance on your toes while both squatting and standing.
2. During the final posture, the upper part of the body must remain erect.
3. Do not put weight on the heels.

**लाभ व सीमाएँ:-**

१. यह पिंडली की मांसपेशियों को सुदृढ़ बनाता है । मुख्यतः इसका उपयोग पैरों की स्नायु दुर्बलता को दूर करने में है, एवं यह कब्जीयत दूर करता है ।

२. जिन लोगों को मांसपेशियों के ऐंठन की शिकायत है वे इसे न करें ।

**Benefits and Limitations:-**

1. Through this posture, the calf muscles are made healthy. It also aids in the removal constipation and weakness in the nervous system of the lower extremities.
2. Those suffering from pulled muscle should not practice it.

## ६. अर्धशलभासन

## 6. ARDHA-ŚHALABHĀSANA

यह शलभासन का सरल रूप है । जो व्यक्ति शलभासन नहीं कर सकते, उन्हें स्वामी कुवलयानन्दजी ने इसे (अर्ध शलभासन) करने को कहा है ।

This is a modified simple form of Śalabhāsana. Swāmi Kuvalayānandaji has formulated this Āsana for beginners and those who are unable to perform Śalabhāsana.

**विधि:-**

**Technique:-**

१. जमीन पर पेट के बल लेट जाइये, दोनों पैर मिले रहेंगे, पैर की अंगुलियाँ पीछे, तलुवे आकाश की ओर, हाथ बगल से सटे हुए सीधे पीछे की ओर, मुट्ठियाँ बन्द, माथा जमीन से लगा रहेगा ।

1. Take the prone position with the legs and feet together and toes pointing outward. Hands should be by the sides of the body, fingers together, and palms facing upward with the forehead resting on the ground.

२. सर को थोड़ा ऊपर उठाते हुए ठोड़ी को जमीन से लगाइये । मुट्ठियाँ बन्द करलें ।

2. Bring the chin forward and place it on the ground. Close the fists.

३. दाहिना पैर बगैर घुटने से मोड़े, धीरे-धीरे ऊपर उठाइये, वहाँ तक ले जाइये कि आपके कूल्हे की हड्डी न उठे। कुछ देर इस स्थिति में रुकिये ।

3. Raise the right leg up to your capacity without bending it at the knee. Do not tilt the pelvis. Maintain this position for a while.

४. अब धीरे से वापस आ जाइये ।

4. Slowly return to the original position.

५. इसी प्रकार से दूसरे पैर से कीजिये । यह अर्धशलभासन का एक क्रम हुआ ।

5. Repeat these steps with the other leg. This completes one round of Ardha-Śalabhāsana.

**ध्यान रहे कि:-**

१. पैर इतना न उठावें कि आपके कूल्हे की हड्डी उठ जाये ।

२. पैर ऊपर उठाते समय, घुटने से न मुड़े ।

**Remember:-**

1. Do not tilt your pelvis while raising your legs.
2. Do not bend the leg at the knee while raising it.

**लाभ एवं सीमाएँ:-**

१. इससे पेट के निचले हिस्से की मांसपेशियां बलशाली होती हैं ।

२. पैर ऊपर उठाते समय, घुटने से न मुड़े ।

३. जिन्हें कमर का दर्द हो वे इसे न करें ।

४. जिन्हें मांसपेशियों के ऐंठन, सिकुड़न की शिकायत हो वे इसे सावधानी से करें।

**Benefits and Limitations:-**

1. This strengthens the muscles of the lower abdomen.
2. It removes visceroptosis and helps in the coordination of the lower extremities.
3. Those suffering from lumbar spondylosis should not practice it.
4. Those suffering from muscle cramps should practice it cautiously.

## ७. पादहस्तासन

## 7. PĀDAHASTĀSANA

यह परम्परा से प्रचलित आसन है, प्राचीन योग की पुस्तकों में इसका उल्लेख नहीं है । इसमें हाथ आगे झुकते हुये पैरों के पास ले जाये जाते हैं, अतः इसे पादहस्तासन कहते हैं ।

This is a traditional posture but its reference is not available in old yoga texts. The hands are being brought near legs hence it is called Pādahastāsana.

## विधि:-

## Technique:-

१. दोनों पैर मिलाकर सीधे खड़े हो जाइये, हाथ बगल में जंघाओं से सटे रहेंगे, दृष्टि सामने की ओर ।

1. Stand erect, legs together, and hands by the sides of the thighs. Gaze in front.

२. धीरे से आगे झुकिये, आसानी से जहाँ तक झुक सकते है ।

2. Raising the arms above the head, slowly bend forward using your lower back.

३. थोड़ा और झुकिये और प्रयत्न करें कि खुली हथेलियों को पैरों के बगल में जमीन पर लगा दें। हाथों की अंगुलियाँ मिली हुई सामने की ओर रहेंगी ।

3. Bending a little bit further, try to place the palms on the ground by the sides of the feet. Fingers should point forward.

४. सर को पैरों के घुटनों के बीच लगा दीजिये ।

4. Place the forehead between the knees.

५. थोड़ी देर बाद हाथ उठाइये और धीरे से पूर्वस्थिति में खड़े हो जाइये ।

5. After some time, return to the original position in reverse order.

**ध्यान रहे कि:-**

१. सामने झुकते समय पीठ की मांसपेशियाँ ढ़ीली छोड़िये ।

२. प्रारम्भ में पैर अलग-अलग भी रख सकते हैं ।

३. श्वास बाहर निकलते हुए आगे झुकना सरल होता है ।

**Remember:-**

1. While bending forward relax your back muscles.
2. Beginners may keep the legs slightly apart.
3. Forward bending helps facilitate exhalation.

**लाभ एवं सीमायें:-**

१. यह वात दोष, मेरुदंड की जड़ता, कमर के जोड़ का दर्द श्वाँस रोग में लाभकारी है।

२. उच्च रक्तचाप, हृदय विकार तथा अम्लपित्त के रोग से पीड़ित इसे न करें।

**Benefits and Limitations:-**

1. It is beneficial for indigestion, stiffness of the spine, pain in the hip joints, and breathing problems.
2. Those suffering from high blood pressure, heart disease and acidity should not practice this Āsana.

## ८. ताड़ासन

## 8. TĀḌĀSANA

यह आसन परम्परा से आया हुआ है । इस आसन की अन्तिम स्थिति में ताड़वृक्ष की आकृति बनती है । ताड़ का पेड़ सीधा होता है अतः इसमें एकदम सीधे खड़े होते हैं ।

This is a traditional posture. In this Āsana the body imitates a palm tree by standing straight and erect.

**विधिः-**

**Technique:-**

१. दोनों पैर मिलाकर खड़े हो जाइये, हाथ बगल में जंघाओं से सटे रहेंगे, दृष्टि सामने की ओर ।

1. Stand erect, legs together, and hands by the sides of the thighs. Gaze in front.

२. धीरे से दोनों हाथ सामने ऊपर उठाते हुए कंधों तक ले आइये, हाथ सीधे रहें, हथेलियां एक दूसरे के सामने ।

2. Slowly raise your arms in front of you up to shoulder level. Turn the palms to face one another.

३. अब हाथ ऊपर सीधे आसमान की ओर ले जाइये, अंगुलियां आसमान की ओर रहेंगी ।

3. Continue raising your arms until your fingers are pointing straight towards the sky.

४. अब धीरे से एड़ियाँ उठाइये व पैरों के पंजों पर खड़े हो जाइये, जहाँ तक एड़ियाँ उठा सकते हों उठाइये, शरीर जितना ऊपर तन सकता हो तानिये ।

4. Now, slowly raise your heels, as much as you can, and stand on your toes. Try to stretch your body upwards as much as possible.

५. वापस आते समय पहले एड़ियाँ नीचे लाइये व पूरे पैरों पर खड़े हो जाइये ।

5. While returning to the original position, bring your heels slowly to the ground.

६. धीरे से हाथ सामने से वापस लाइये व पूर्वस्थिति में आ जाइये ।

6. Then slowly lower your arms and return to the original starting position.

**ध्यान रहे कि:-**

१. यह एक सन्तुलनात्मक आसन है ।

२. इतनी जल्दी न करें कि सन्तुलन बिगड़ जाये या झटका लगे ।

३. प्रारम्भ में दोनों पैरों में कुछ अन्तर भी रख सकते हैं ।

**Remember:-**

1. This is a balance posture.
2. Avoid hasty or jerky movements, so that you do not lose your balance.
3. Beginners may keep the legs slightly apart.

**लाभ एवं सीमायें: -**

१. इससे ऊँचाई बढ़ती है ।

२. मेरुदंड लचीला होता है ।

३. आशय-भ्रंश तथा रीढ़ की हड्डी का दर्द दूर होता है ।

४. जिन लोगों को चक्कर आने की शिकायत हो वे इसे न करें ।

**Benefits and Limitations:-**

1. This may help improve one's height.
2. It helps the spine become more flexible.
3. Visceroptosis and pain along the backbone are removed.
4. Those having complaints of dizziness and reeling sensations should not practice this Āsana.

## ९ - (१) धनुरासन

## 9 - (1) DHANURĀSANA

**पादाङ्गुष्ठौ तु पाणिभ्यां गृहीत्वा श्रवणावधि ।**
**धनुराकर्षणं कुर्यात् धनुरासनमुच्यते ।।** (ह. प्र. १/२५)

pādāṅguṣṭhau tu pāṇibhyāṃ gṛhītvā śravaṇāvadhi /
dhanurākarṣaṇaṃ kuryāt dhanurāsanamucyate //25// (H. P. 1/25)

अपने पावों के अंगूठों को अपने हाथों से पकड़कर धनुष के समान तान कर कान तक ले जाना धनुरासन कहलाता है ।

Holding the toes with the hands, stretching them up to the ears, assuming the shape of a bow is called Dhanurāsana.

## विधिः-

## Technique:-

१. पेट के बल लेट जाइये, पैर सीधे मिले हुए, हाथ बगल में जंघाओं के पास सीधे रखे रहेंगे, हथेलियाँ ऊपर की तरफ ठोड़ी जमीन पर लगी रहेगी ।

1. Take the prone position with the legs and feet together and toes pointing outward. Hands should be by the sides of the body, fingers together, and palms facing upward with the chin resting on the ground.

२. पैरों को घुटने से मोड़कर जांघों के ऊपर ले आइये, घुटने मिले रहेंगे ।

2. Bend your legs at the knees and bring the heels towards the buttocks. Knees must remain together.

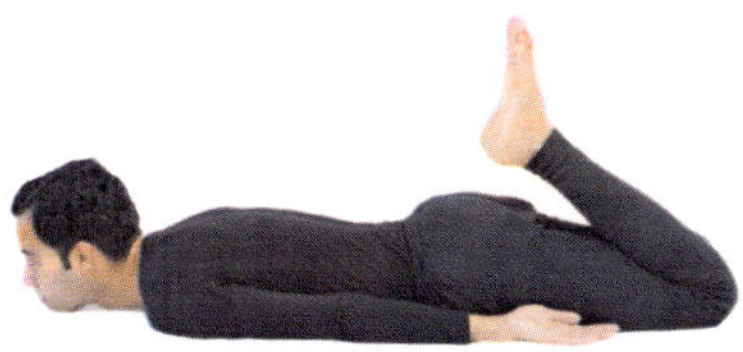

३. दोनों हाथों को पीछे ले जाइये, हाथ के अंगूठे व तर्जनी से दोनों पैरों के अंगूठे पकड़ लीजिये । (दाहिने से दाहिने पैर का तथा बायें से बायें पैर का) ।

3. Bringing your arms behind your back, use the thumbs and forefingers of your hands to grab hold of the toes of your respective feet.

४. पैरों को थोड़ा ऊपर करके उठाइये, सर छाती भी उठाइये ।

4. Simultaneously raise your legs, head, and chest.

५. अंगूठे पकड़े हुए ही पैरों को अपने कानों की ओर खींचिये तथा पैर के अंगूठे अपने कानों तक ले आइये। दृष्टि सामने रहेगी ।

5. Now, holding the toes, pull your legs towards your ears, bringing the toes near the ears. Gaze in front.

६. वापस आते समय हाथ ढीले कीजिये, पैर पीछे ले जाइये, जांघें पूरी जमीन से लग जाने के बाद अंगूठे छोड़िये तथा पैर व हाथ पूर्व स्थिति में लाइये ।

6. While returning to the original position, first loosen your hands and release the legs backward. Allow the thighs touch the ground and then let go of your toes. Finally, bring the legs and arms to the first position.

**टिप्पणी:-** कैवल्यधाम, लोनावला से प्रकाशित हठप्रदीपिका हिन्दी संस्करण (१९८०) में धनुरासन के सन्दर्भ में ऊपर के समान चित्र बताया गया है । प्रस्तुत अर्थ की समीचीनता "पादाङ्गुष्ठौ" और "पाणिभ्यां" इन द्विवचनान्त पदों के द्वारा सिद्ध होती है । इसके अनुसार दोनों पांवों के अंगूठों के साथ कान तक लाना है ।

**Note:-** The Hindi Edition of Haṭhapradīpika published from Kaivalyadhama, Lonavla (1980) quotes similar photograph given above, while describing Dhanurāsana. The words 'Pādāṅguṣṭhau' and 'Pāṇibhyaṃ' of dual number support the meaning given above. According to it, one has to bring both the toes simultaneously up to the ear.

### ध्यान रहे कि:-

१. अंगूठे को जबर्दस्ती कान तक लाने का प्रयास न करें ।

२. आरम्भ में जितनी दूर तक आसानी से अंगूठे आ सकते हों, उतनी ही दूर रखें, और प्रतिदिन अभ्यास बढ़ायें ।

३. उपरोक्त धनुरासन करने के पूर्व सरल धनुरासन का अभ्यास आवश्यक है, जिसका वर्णन आगे किया जा रहा है ।

### Remember:-

1. If you find this posture difficult, do not forcefully try to bring the toes near the ears.
2. Gradually increase the practice.
3. It is desirable to practice the simplified version of Dhanurāsana (Version 2) before one resorts to practicing this advanced version of Dhanurāsana.

### लाभ एवं सीमायें:-

१. यह मेरुदंड तथा पीठ की मांशपेशियों को लचीला बनाता है तथा इससे स्नायु दुर्बलता दूर होती है ।

२ यह कब्ज तथा पित्त विकार दूर करने में सहायक है ।

३. जिन्हें मेरुदंड में दर्द की शिकायत हो वो इसे न करें ।

### Benefits and Limitations:-

1. It makes the spine and back muscles more flexible and removes weakness of the nervous system.
2. It helps to remove constipation and disorders of Pitta.
3. Those suffering from lumbar spondylosis should not practice it.

## ९ - (२) धनुरासन

## 9 - (2) DHANURĀSANA

**प्रसार्यपादौ भुवि दण्डरूपौ करौ च पृष्ठे धृतपादयुग्मम्।**
**कृत्वा धनुर्वत्परिवर्तिताङ्गं निगद्यते वै धनुरासनं तत्।।** (घे. सं. २/१८)

prasārya pādau bhuvi daṇḍarūpau karau ca pṛṣṭhe dhṛtapādayugmam /
kṛtvā dhanurvatparicartitāṅgaṃ nigadyate vai dhanurāsanaṃ ta //18// (G. S. 2/18)

दण्ड के समान (पेट के बल) भूमि पर पांव फैलाकर लेट जायें तथा दोनों पांवों को दोनों हाथों से पकड़ें तथा अपने शरीर को धनुष का आकार देते हुए मोड़ने से धनुरासन होता है ।

Stretching the legs on the ground like a stick and catching hold of the toes with the hands and curving the body like a bow is called Dhanurāsana.

## विधिः-

## Technique:-

१. पेट के बल लेट जाइये, पैर सीधे मिले हुए, हाथ बगल में जंघाओं के पास सीधे रखे रहेंगे, हथेलिया आकाश की ओर ठोड़ी जमीन पर लगी रहेगी ।

1. Take the prone position lying with legs and feet together and toes pointing outward. Hands should be by the sides of the body, fingers together, palms facing upward with chin resting on the ground.

२. पांव मोड़कर जंघाओं के पास लायें। एड़ी के ऊपर टखना हाथों के पंजों से लपेटते हुए पकड़िये। अंगूठे न पकड़ें ।

2. Bend your legs at the knees and bring the heels towards the buttocks. Then, using your hands catch hold of your respective ankles.

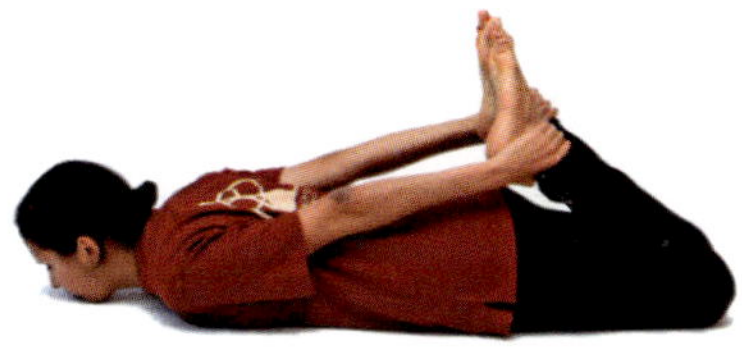

३. धीरे से पकड़े हुए पैरों को पीछे ले जाइये जैसे वे आपके हाथो से छूट जाना चाहते हों, जोर लगाइये पर छोड़िये नहीं । जांघें उठाइये, सिर व छाती भी उठाइये व धनुष का आकार बनाइये ।

3. Holding the ankles, simultaneously raise your thighs, chest, and head off the ground assuming the shape of a bow. You may feel as if your legs want to release from your grip, but maintain this position for some time.

४. वापस आते समय छाती व जांघें झुकाइये, पांव छोड़ दीजिए तथा पूर्वस्थिति में आ जाइये ।

4. While returning to the original position, place your thighs and chest on the ground. Then, unfold your legs and come back to the first position.

### ध्यान रहे किः-

१. प्रारम्भ में दोनों घुटने थोड़े अन्तर पर भी रखे जा सकते हैं (यदि घुटने मिलाकर न रख सकें तो) ।

२. सर को पूर्णतः पीछे की ओर छाती के साथ उठाइये ।

३. हाथ कोहनियों से मुड़े नहीं ।

### Remember:-

1. If it is difficult to keep the knees together, beginners may keep a distance between the knees.
2. Lift the head upwards as you lift the chest.
3. Do not bend your arms at the elbows.

### लाभ एवं सीमायें:-

१. यह मेरुदंड तथा पीठ की मांसपेशियों को लचीला बनाता है तथा इससे स्नायु दुर्बलता दूर होती है ।

२. यह कब्ज तथा पित्त विकार दूर करने में सहायक है ।

३. जिन्हें मेरुदंड में दर्द की शिकायत हो वे इसे न करें ।

### Benefits and Limitations:-

1. This posture makes the spine and back muscles more flexible, and at the same time, removes weakness of the nervous system.
2. It helps to remove constipation and disorders of Pitta.
3. Those suffering from lumbar spondylosis should not practice it.

## १०. नौकासन

## 10. NAUKĀSANA

नौकासन परम्परा से आया हुआ एक आसन है। इसका उल्लेख प्राचीन योगग्रन्थों में नहीं मिलता है परन्तु परम्परा प्राचीन है । इसे करने पर शरीर की आकृति नौका जैसी बनती है अतः इसे नौकासन नाम दिया गया ।

Naukāsana is a traditional posture. While its reference is not found in old Yoga texts, its tradition dates back to many centuries. In this Āsana, the body resembles the form of a boat (Nauka).

## विधि:-

## Technique:-

१. पीठ के बल सीधे दोनों पैर मिला कर लेट जाइये, दोनों हाथ सीधे जंघाओं के पास, हथेलियाँ खुली हुई जमीन से लगी रहेंगी ।

1. Take the supine position with the legs together and arms by the sides of the body. Palms should be resting on the ground facing downward.

२. धीरे-धीरे दोनों पैर उठाइये, सर एवं पीठ उसी के साथ उठाइये। तथा हाथ एवं पैरों से ४५° कोण बनाते हुए रुक जाइये ।

2. Now, simultaneously raise your head, trunk, and legs together and form a 45° angle.

३. वापस आते समय पहले सिर व पीठ नीचे लाइये ।

3. While returning to the original position first place your trunk and head on the ground.

४. अब पांव और हाथ धीरे-धीरे नीचे लाइये तथा जमीन पर पूर्वस्थिति में लेट जाइये ।

4. Slowly, bring down your legs and arms. Then, lie on the ground as in the first position.

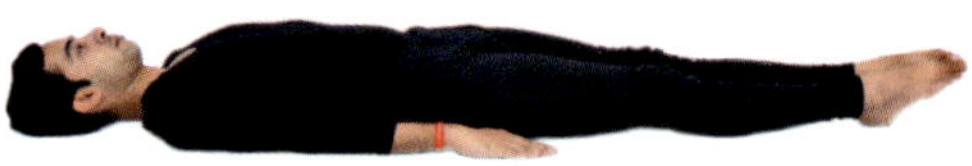

## ध्यान रहे कि:-

१. अपने पावों को घुटनों से मुड़ने न दें।

२. इतने समय तक ही इसका अभ्यास करें कि पेट की मांसपेशियों में दर्द न होने लगे।

## Remember:-

1. Do not bend the legs at the knees.
2. Release this Āsana before you experience any pain in the abdominal muscles.

# ११. वज्रासन

## 11. VAJRĀSANA

**जङ्घाभ्यां वज्रवत्कृत्वा गुदपार्श्वे पदावुभौ ।**
**वज्रासनं भवेदेतद्योगिनां सिद्धिदायकम् ।।** (घे. सं. २/१२)

jaṅghābhyāṃ vajravatkṛtvā gudapārśve padāvubhau /
vajrāsanaṃ bhavedetadyogināṃ siddhidāyakam //12// (G. S. 2/12)

अपनी जंघाओं को वज्र के समान कड़ा कर लें तथा दोनों पैर पीछे मोड़कर गुदा के बगल में स्थित कर लें । इसे वज्रासन कहते हैं जो योगियों को सिद्धि प्रदान करता है ।

Making the lower legs tight one should place both the feet on the either side of the anus. This is called Vajrāsana which brings success to the yogis.

## विधिः-

## Technique:-

१. दोनों पैर मिली हुई अवस्था में सामने फैलाकर बैठ जाइये, हाथ बगल में हथेलियां जमीन पर, अंगुलियां हाथ की सामने मिली हुई अवस्था में रहेंगी ।

1. Sit with your legs together, extending them outward in front of you. Place the hands by the sides of the body with the palms on the ground and fingers pointing forward.

२. दाहिना पैर घुटने से मोड़कर दाहिने नितम्ब के नीचे ले आइये, पैर के पंजे अन्दर की ओर, ऐड़ी बाहर की तरफ रहेंगी ।

2. Fold the right leg at the knee and place the right foot under the right buttock with the sole of the foot underneath the buttock and the heel to the outside.

३. अब बायां पैर मोड़कर उसी प्रकार बायीं ओर बायां नितम्ब के नीचे ले आइये ।

3. In a similar manner, bend the left leg and place it under the left buttock.

४. हाथ जंघाओं पर (दाहिना हाथ दाहिनी जंघा पर तथा बायां बायीं जंघा पर) रहेगा ।

4. Rest your hands on your respective thighs.

५. सीधे बैठ जाइये, दृष्टि सामने अथवा अन्दर रहेगी ।

5. Sit erect and gaze in front or close the eyes.

६. वापस आते समय पहले बायां पांव दाहिनी ओर थोड़ा झुकते हुए बाएं नितम्ब के नीचे से निकालकर सीधा रख लीजिये ।

6. While returning to the original position, bend a little towards the right side, remove your left leg from under your buttock and extend it forward.

७. इसी प्रकार दाहिना पांव भी सीधा कर लीजिये और पूर्व स्थिति में आ जाइये ।

7. Similarly, extend your right leg and return to the original position.

**टिप्पणी:-** इसकी गणना ध्यानात्मक आसनों में की जा सकती है । ध्यानात्मक दृष्टिकोण से करते समय आंखें बन्द कर लेनी चाहियें ।

**Note:-** This can be considered a meditative posture. While practising it for meditative purposes, one should close his eyes at the final stage.

### ध्यान रहे कि:-

१. मुड़े हुए पांव पर बैठते समय पांवों की एड़ी बाहर की ओर और पंजे अन्दर की ओर रहेंगे ।

२. एड़ियों पर न बैठे ।

### Remember:-

1. While bending your leg at the knee and placing your foot underneath the buttock the heel should remain out and the the toes inside. Your soles should face upward.
2. Do not sit directly on the heels.

### लाभ एवं सीमायें:-

१. इससे जंघाओं तथा पिंडली की मांसपेशियाँ मजबूत होती हैं । तथा पचन में गुणकारी है ।

२. जिन को बवासीर की शिकायत हो वे इसे न करें ।

### Benefits and Limitations:-

1. This strengthens the thigh and calf muscles.
2. Those suffering from piles should not practice it.

# १२. वक्रासन

# 12. VAKRĀSANA

यह आसन अर्धमत्स्येन्द्रासन के पूर्व की सुलभ स्थिति है । जो अर्धमत्स्येन्द्रासन नहीं कर सकते हैं वे इसे करें । इसका सर्वप्रथम वर्णन स्वामी कुवलयानन्दजी ने किया है ।

This Āsana is a simple form of Ardha-Matsyendrāsana. Those who are unable to perform Ardha-Matsyendrāsana should practise this Āsana. This was first expounded by Swāmī Kuvalāyanandaji.

## विधिः-

## Technique:-

१. दोनों पैर मिली हुई अवस्था में सामने फैलाकर बैठ जाइये, हाथ बगल में, हथेलियां जमीन पर, अंगुलियां हाथ की सामने मिली हुई अवस्था में रहेंगी ।

1. Sit with your legs together, extending them outward in front of you. Place the hands by the sides of the body with the palms on the ground and fingers pointing forward.

२. अपना एक पैर मोड़िये (दायाँ) तथा बायें पैर के घुटने के पास रखिये, दाहिने पांव का घुटना ९०° के कोण पर आकाश की ओर सीधा रहेगा ।

2. Slowly fold the right leg at the knee and place the sole of your foot on the ground near the knee of the left leg. The knee of the right leg should make a $90^0$ angle, with the knee pointing skyward.

३. दाहिना हाथ पीठ की ओर ले जाकर लगभग ९ इंच की दूरी पर रीढ़ की सीध में रखिये, अंगुलियां मिली हुई पीछे की ओर रहेंगी । बायाँ हाथ उठाइये और दाहिने घुटने के दूसरी ओर रखिये, हाथ की अंगुलियां यदि पैर पूर्व की ओर फैली हैं तो उत्तर की ओर रहेंगी ।

3. Taking your right hand back, place your palm on the ground at the distance of 9 inches straight from the spine. Fingers should be together. Then, cross your left arm over your right knee and place your palm on the ground. If your leg is stretched towards the east, then the fingers of that respective hand will point towards the north.

४. अब पीछे की ओर सिर को पीठ को घुमाइये व पीछे की ओर देखिये ।

4. Now, twist your trunk, shoulders, and head towards the right. Try to keep your gaze towards your backside.

५. वापस आते समय पहले सिर को सामने लाइये ।

5. While returning to the original position, first turn your head towards the front.

६. घुटने के ऊपर से आये हाथ को अपने स्थान पर ले जाइये । पीछे वाला हाथ भी शरीर के बगल में रखें ।

6. Move the left arm back to its original position, then bring the right arm back as well. Hands should be the sides of the body.

७. मुड़ा हुआ घुटना सीधा कीजिये व पूर्वस्थिति में बैठ जाइये ।

7. Slowly stretch out your folded leg and sit erect.

८. अब इसी प्रकार दूसरे पांव से करें, दोनों ओर से करने से एक चक्र पूरा होता है ।

8. In a similar manner, practice the posture using the opposite leg. Together this makes one round of Vakrasana.

### ध्यान रहे कि:-

१. यह आसन सरल है, पर जिन लोगों का पेट निकला होगा उन्हें घुटने के दूसरी ओर हाथ लाने में कष्ट होगा, अत: वे केवल घुटना पकड़े रहें या हाथ जमीन से न हो तो जहां तक जा सकता हो ले जायें ।

### Remember:-

1. While this Āsana is simple, those who are having a big stomach may find it difficult to take the hand on the other side of the knee and place it on the ground. If this is the case, they are suggested to place the hand on the knee or keep it wherever it is.

### लाभ एवं सीमायें:-

१. यह बद्धकोष्ठता, अफरा, यकृत की दुर्बलता तथा स्नायु-दुर्बलता को दूर करता है ।

२. यह मेरुदंड की कठोरता कम करता है ।

३. गुर्दे तथा अन्य पेट के रोगों में उपयोगी है ।

४. इसे सभी कर सकते हैं ।

### Benefits and Limitations:-

1. This posture helps in the removal of constipation and flatulence, as well as weakness in the liver and nervous system.
2. Reduces the rigidity of the spine.
3. This is also useful for kidney and stomach problems.
4. Everyone can practice this Āsana.

## १३ सुप्त-वज्रासन

## 13. SUPTA-VAJRĀSANA

सुप्त-वज्रासन - वज्रासन के आगे की स्थिति है, इसमें पांव मोड़े हुए ही पीठ के बल लेट जाते हैं अतः इसे सुप्त-वज्रासन कहते हैं ।

Supta-Vajrāsana is further development of Vajrāsana. We lie on our back with folded legs, hence it is called Supta-Vajrāsana.

## विधिः-

## Technique:-

१. वज्रासन की स्थिति में आ जाइये ।

1. Sit in Vajrāsana.

२. अब धीरे से पहले दाहिनी कुहनी और फिर बायीं कुहनी से पीछे की ओर सहारा लीजिये ।

2. Slowly, taking the help of the right elbow and then the left elbow, lean back placing the elbows on the ground.

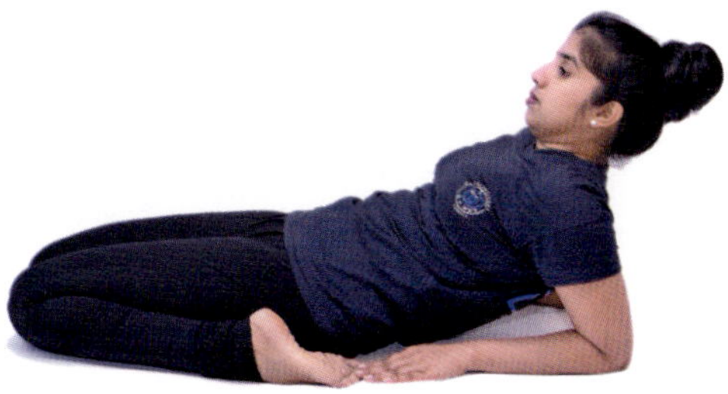

३. धीरे-धीरे हाथों को सीधा करके पूर्णरूप से पीठ के बल लेट जाइये ।

3. Straightening your arms alongside your body, lie completely on your back.

४. कंधे जमीन पर टिका लीजिये, आरम्भ में हाथ जंघाओं पर रखे जा सकते हैं । घुटने मिले रहेंगे ।

4. At this point, the shoulders should be resting on the ground and the knees should remain together. Beginners may keep their hands on their respective thighs.

५. इस स्थिति में रहने का अभ्यास हो जाये, तब दोनों हाथों की कैंची बनाते हुए कंधों के नीचे ले आइये, दाहिना हाथ बायें कंधे के नीचे रहेगा बाँया दाहिने कंधे के, सिर उसके बीच में रहेगा ।

5. After practicing this position well, make the shape of a scissor with both arms and bring them under the shoulders. Your right hand will remain under your left shoulder and your left hand under the right shoulder. Your head should remain in the middle on top of the arms.

६. वापस लौटते समय पहले कंधों के नीचे से हाथ निकालकर शरीर के बगल में ले आइये ।

6. While returning to the original position, first release your arms and place them by the side of your body.

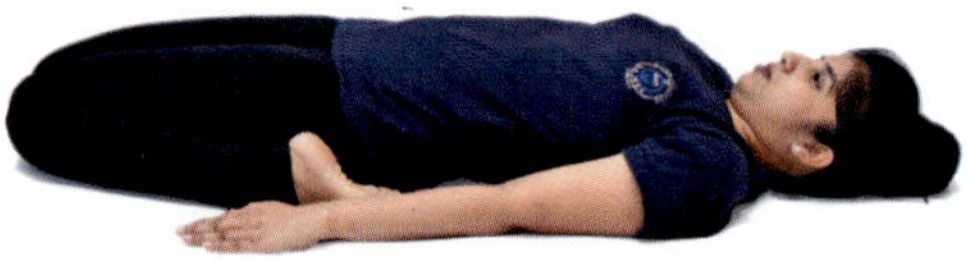

७. अब कुहनियों का सहारा लेकर बैठ जाइये ।

7. Now, with the support of your elbows sit back in Vajrāsana.

### ध्यान रहे कि:-

१. पीठ के बल लेटते समय अपने वजन को संभालिये । झटके से न जाइये वरना चोट लग सकती है ।

२. जो केवल वज्रासन करने में ही कठिनाई का अनुभव करते हैं वे इस आसन का अभ्यास न करें ।

३. प्रारम्भ में घुटने मिले रखने में कठिनाई हो तो दोनों घुटनें थोड़ा अलग अलग रख सकते हैं ।

### Remember:-

1. While lying on your back control your weight. To avoid pulled muscles do not practice this Asana with jerky or hasty movements.
2. Those who have difficulty practicing Vajrāsana should avoid this Āsana.
3. Beginners may keep their knees apart if they find it difficult to keep them together.

### लाभ एवं सीमायें:-

१. इससे पेट की मांसपेशियां सबल होती हैं ।

२. यह उच्च रक्तचाप तथा सायटिका में लाभकारी है ।

३. कब्जीयत दूर करने में इसका विशेष उपयोग है ।

४. जिन्हें कमर में दर्द हो तथा पेट में वायु की शिकायत हो वे इसे न करें ।

### Benefits and Limitations:-

1. This strengthens the abdominal muscles.
2. It is useful in high blood pressure and sciatica.
3. It is a good remedy for constipation.
4. Those suffering from excess gas, as well as pain in the hips and knees, should not practice Supta-Vajrāsana.

## १४ गोमुखासन

## 14. GOMUKHĀSANA

**पादौ च भूमौ संस्थाप्य पृष्ठपार्श्वे निवेशयेत्।**
**स्थिरं कायं समासाद्य गोमुखं गोमुखाकृतिः।।** (घे. सं. २/१६)

pādau ca bhūmau saṃsthāpya pṛṣṭhapārśve niveśayet /
sthiraṃ kāyaṃ samāsādya gomukhaṃ gomukhākṛtiḥ //16// (G. S. 2/16)

अपने दोनों पैर अपने नितम्बो के बगल में रखें। बायाँ दाहिनी ओर, दायाँ बायीं ओर शरीर सीधा हाथ दोनों परस्पर एक दूसरे के ऊपर दृष्टि सामने रहेगी इसे गोमुखासन कहते हैं ।

Placing both the feet on the ground by the side of the buttocks and keeping the body steady is Gomukhāsana, resembling the mouth of a cow.

## विधिः-

## Technique:-

१. दोनों पैर मिली हुई अवस्था में सामने फैलाकर बैठ जाइये, हाथ बगल में, हथेलियां जमीन पर, अंगुलियां हाथ के सामने मिली हुई अवस्था में रहेंगी ।

1. Sit with your legs together, extending them outward in front of you. Place the hands by the sides of the body with palms on the ground and fingers together pointing forward.

२. दाहिना पैर उठाकर घुटने से मोड़िये तथा बायीं ओर लाकर नितम्ब से लगाकर रखिये ।

2. Folding the right leg at the knee, place the right foot on the ground by the side of the left buttock.

३. उसी प्रकार बायां पैर दाहिने पैर के ऊपर से लाकर दाहिने नितम्ब के सहारे जमीन पर रखिये, पैर के दोनों पंजे बायीं तथा दाहिनी ओर निकले रहेंगे ।

3. Bringing the left leg over the right leg, place the left foot on the ground by the side of the right buttock. The heels of your feet should be placed near the sides of the hips with the toes pointing outward away from the body.

४. हथेलियों को एक के ऊपर एक घुटने के ऊपर रखिये और सीधे बैठ जाइये ।

4. Put your palms on your knee, with one hand on top of the other, and sit tall.

५ अथवा दाहिनी हथेली बायें पैर के तलुवे के ऊपर और बायीं हथेली दाहिने पैर के तलुवे के ऊपर रखें, जिससे गौ के कानों की आकृति बनेगी, दृष्टि सामने की ओर रहे ।

5. Alternatively, place the right palm upon the left sole and the left palm upon the right sole. This gestures resembles the shape of a cow's ear. Gaze in front.

६. थोड़े समय के पश्चात् पूर्व स्थिति में आ जायें । अब बायें पैर के घुटने के ऊपर दाहिना घुटना रखकर अर्थात् पैरों की स्थिति बदलकर इसका अभ्यास करें ।

6. After some time, return to the original position in the reverse order. Repeat the practice by changing the position of the legs (i.e. by placing the right knee above the left knee).

**ध्यान रहे कि:-**

१. पहले दाहिना पैर नितम्ब से लगा कर रखें बाद में बायां ऊपर रखें ।

२. कमर सीधी रहेगी ।

३ एक घुटना दूसरे घुटने के ठीक ऊपर रहेगा ।

**Remember:-**

1. To start, first place the right leg by the side of the left buttock and then the left leg above the right.
2. Hips should remain straight.
3. One knee should remain just above the other knee.

**लाभ एवं सीमायें:-**

१. इसके करने से कमर एवं उसके नीचे के हिस्से का दर्द दूर होता है ।

२. मेरुदण्ड सीधा होने में सहायता मिलती है ।

३. यह संधिवात तथा बवासीर में अत्यन्त लाभकारी है ।

४. इससे फेफड़ों का व्यायाम भी स्वतः होता है ।

५. जिन्हें रक्त की बवासीर हो वे इसे न करें ।

**Benefits and Limitations:-**

1. The practice of this Āsana removes pain in the hips and lower extremities.
2. This posture helps in making the spine straight.
3. This Āsana is useful in alleviating arthritis and piles (dry).
4. It gives exercise to the lungs automatically.
5. Those suffering from bleeding piles should not practice this Āsana.

# १५ गोमुखासन (बद्धहस्त)

# 15 GOMUKHĀSANA (BADDHAHASTA)

**विधिः-**

**Technique:-**

१. गोमुखासन में बैठ जाइये । (केवल पैरों की स्थिति लें) ।

1. Sit in Gomukhāsana (simply arranging the legs only).

२. अपना दाहिना हाथ कुहनी से मोड़िये व पीछे पीठ की ओर ले जाइये ।

2. Now fold your right hand at the elbow and take it towards back.

३. हथेली का पीछे का भाग पीठ पर रखिये, हथेली बायें व दाहिने कंधों की हड्डी के बीच में रहेगी, कुहनी जमीन की ओर रहेगी ।

3. Place the back part of the palm on your back. Palm should remain in between the two shoulders. Elbow will point towards the ground

४. बायां हाथ कुहनी से मोड़िये व कंधे के ऊपर से पीछे की ओर ले जाइये । कुहनी आसमान की ओर रहेगी ।

4. Fold your left hand at the elbow and bring it to the back from above the shoulder. Elbow should point towards the sky.

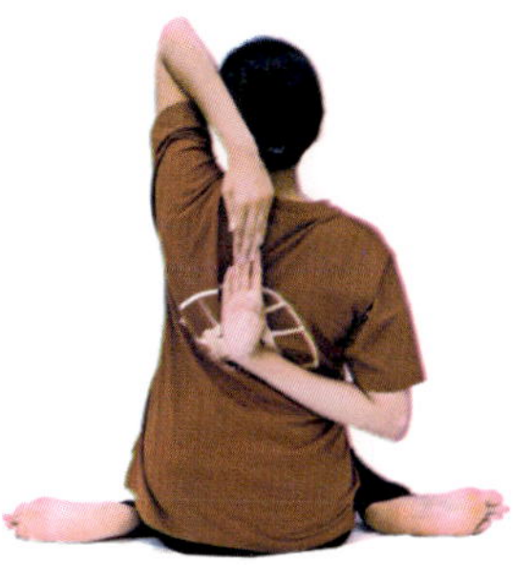

५. अब बायें हाथ की अंगुलियों से दूसरे हाथ की अंगुलियों को पकड़िये, यह बद्धहस्त गोमुखासन है ।

5. Now, using the fingers of the right hand grab hold of the fingers of the left hand. This is called Baddhahasta Gomukhāsana.

६. धीरे से हाथ छोड़िये, पैर सामने लाइये व दूसरा पैर मोड़कर ऊपर रखिये व अब दूसरे हाथ से दूसरी ओर करिये ।

6. Now, release your hands, stretch out your legs. Then again practise it from the other arrangement of the legs and hands.

७. पूर्व स्थिति में आ जाइये ।

7. Return to original position.

**ध्यान रहे कि:-**

१. यदि हाथ एक दूसरे को न पकड़ सके तो केवल पीछे की ओर मोड़कर रखिये ।

**Remember:-**

1. If the hands cannot grab hold of one another then keep them only folded towards the back.

**लाभ एवं सीमायें:-**

१. इसके लाभ एवं सीमायें गोमुखासन के समान ही हैं ।

२. इससे पीठ की मांसपेशियां व भुजदण्ड बलशाली होते हैं ।

**Benefits and Limitations:-**

1. The benefits and limitations are the same as that of Gomukhāsana.
2. This strengthens the muscle of the back and biceps.

## १६ विपरीतकरणी

## 16 . VIPARĪTAKARAṆĪ

**भूमौ शिरश्च संस्थाप्य करयुग्मं समाहितः ।**
**ऊर्ध्वपादः स्थिरो भूत्वा विपरीतकरी मता ।।** (घे. सं. ३/३१)

bhūmau śiraśca samsthāpya karayugmaṃ samāhitaḥ /
ūrdhvapādaḥ sthiro bhūtvā viparītakarī matā //31// (G. S. 3/31)

अपने सिर को तथा हाथों को भूमि पर स्थापित करके अपने दोनों पैर ऊपर उठावें तथा स्थिर रहें, यह विपरीतकरणी कहलाती है ।

Place the head and the hands on the ground and raise up the legs and thus remain steady. This is called Viparītakarṇī.

## विधिः-

## Technique:-

१. पीठ के बल दोनों पैर मिलाकर लेट जाइये, दोनों हाथ सीधे जंघाओं के पास हथेलियां जमीन से लगी रहेंगी ।

1. Take the supine position with the legs together and hands by the side of the body. Palms should be resting on the ground facing downward.

२. धीरे-धीरे दोनों पैर बिना घुटनों से मोड़े हुए उठाइये तथा ३०° के कोण पर रुक जाइये ।

2. Slowly, without bending your knees, raise both legs together up to a 30° angle.

३. कुछ देर रुकने के बाद धीरे से पांव और ऊपर उठाइये तथा ६०° के कोण तक ले जाकर थोड़ा रुकिये ।

3. After some time, raise the legs up to a 60° angle.

४. पुनः आगे बढ़िये तथा पैरों को ९०° के कोण तक ले जाइये और रुकिये ।

4. Raise them again stopping at a 90° angle.

५. कुछ सेकन्ड के बाद दोनों हाथों पर जोर दीजिए, दोनों पैर थोड़ा सर की ओर ले जायें ताकि आपके नितम्ब जमीन से ऊपर उठ जायें ।

5. After some time, lift the legs raising the buttocks off the ground.

६. हाथों से नितम्बों को सहारा दिये रहें, हाथों की कुहनियां जमीन पर हों, पैरों को सीधा रखें ।

6. Support your buttocks with your hands with your elbows resting on the ground. The legs should be kept straight.

७. अब हाथों से नितम्बों को सहारा दिये हुए ही पैरों को कुहनियों के समानान्तर सीधा कर लें ।

7. Keeping the support of your buttocks with your hands and the weight of your body on your elbows, lift the legs higher pointing the toes towards the sky.

८. वापस आते समय पैरों को पहले सिर की ओर ले जावें तथा हाथ वापस जमीन पर ले आवें और अपना वजन हाथों पर संभालें ।

8. After some time, return to the original position by slowly lowering your legs towards your head and your arms towards the ground. Evenly divide your weight between both hands as you descend.

९. धीरे-धीरे अपनी कमर जमीन पर ले जायें और पैरों को सीधा रखें ।

9. Slowly lower your buttocks to the ground keeping the legs straight.

१०. अब पांव भी धीरे-धीरे बिना घुटनों से मोड़े जमीन पर ले आवें ।

10. Finally, bring the legs to the ground without bending at the knees.

**टिप्पणी:-** यह उत्तानपादासन के आगे की अवस्था है । चित्र में विपरीतकरणी के नाम से स्वीकृत पारम्परिक अवस्था को दिखाया गया है ।

**Note:-** This is a further stage of Uttanapadasana. This traditional pose is accepted as Viparitakarni and is being shown in the pictures.

**ध्यान रहे कि:-**

१. विपरीतकरणी का अभ्यास करने के पूर्व उत्तानपादासन का अभ्यास भली प्रकार कर लें ।

२. पैर घुटनों से न मोड़ें ।

३. पैरों को उठाते समय या वापस आते समय झटका न दें ।

४. दोनों कुहनियों के मध्य अधिक अन्तर न रखें । जहाँ पर आपको आरामदायक लगे वहीं पर रखें । (लगभग १ १/४ फीट के अन्तर पर) ।

**Remember:-**

1. Practice Uttānapādāsana well before starting the practice of Viparītakaraṇī.
2. Do not bend your legs at the knees.
3. While raising and lowering the legs, avoid jerky movements.
4. Do not keep much of a distance between the elbows. Keep them at a comfortable distance (about 1 1/4 feet away from one another).

## लाभ एवं सीमायें:-

१. स्वामी कुवलयानन्दजी के अनुसार यह आसन थायराड ग्रन्थि के स्वास्थ्य को बनाये रखता है ।
२. यह वीर्यदोष एवं अण्डकोष विकार में लाभकारी है ।
३. स्त्रियों के सन्दर्भ में यह डिम्बविकार दूर करता है ।
४. यह अजीर्ण, हर्निया तथा विसराप्टोसिस में लाभकारी है ।
५. यह मस्तिष्क में प्रभावकारी रक्तसंचरण में सहायता प्रदान करता है ।
६. जो उच्चरक्तचाप, गर्दन में दर्द तथा हर्निया के शल्यक्रियात्मक अवस्था से पीड़ित हों वे इसका अभ्यास न करें ।

## Benefits and Limitations:-

1. According to Swāmi Kuvalayānandaji, this Āsana maintains the health of the thyroid gland.
2. This Āsana is advantageous in semen and testicle problems.
3. For females, it removes disorders of the ovaries.
4. This posture is also useful in the prevention of dyspepsia, hernias, and visceroptosis.
5. It improves blood circulation in the head.
6. Those suffering from hypertension, cervical spondylosis, operative stage of hernia should not practice this posture.

## १७. विपरीतकरणी (सर्वांगासन)

## 17. VIPARĪTAKARAṆĪ (Sarvaṅgāsana)

सर्वांगासन का अर्थ होता है आसन जो सारे अंगों को प्रभावित करे, इसका वर्णन इसी नाम से नहीं मिलता परन्तु विपरीतकरणी के अन्तर्गत इसकी गणना होती है । उत्तानपादासन और विपरीतकरणी के आगे की स्थिति है ।

Sarvāṅgāsana means the Āsana which influences the whole body. Its reference is not found by its name but it is counted under the name Viparītakaraṇī. Sarvangasana is a further improvement of Uttānapādāsana and Viparītakaraṇī.

## विधि:-

## Technique:-

१. पीठ के बल सीधे दोनों पैर मिलाकर लेट जाइये, दोनों हाथ सीधे जंघाओं के पास, हथेलियां खुली हुई जमीन से मिली रहेंगी ।

1. Take the supine position with the legs together and hands by the side of the body. Palms should be resting on the ground facing downward.

२. धीरे-धीरे दोनों पैर बिना घुटनों से मोड़े हुए उठाइये तथा ३०° के कोण पर रुक जाइये ।

2. Slowly, without bending your knees, raise both legs together up to a 30° angle.

३. थोड़ी देर रुकने के बाद ६०° के कोण तक पांव को ऊपर उठाइये और थोड़ी देर रुकिये ।

3. After some time, raise the legs up to a 60° angle.

४. अब धीरे से ९०° के कोण पर आ जाइये ।

4. Raise them again stopping at a 90° angle.

५. दोनों हाथों पर जोर दीजिये, पैरों को थोड़ा सर की ओर झुकाइये ताकि आपके नितम्ब उठ जायें ।

5. After some time, lift the legs raising the buttocks off the ground.

६. नितम्ब उठने के बाद इसे हाथों की दोनों हथेलियों से सहारा दीजिये, दोनों कुहनियां थोड़ी चौड़ी करके जमीन पर रख लीजिये ।

6. Supporting the buttocks and lower back with the palms of the hands, place your elbows on the ground making a broad base.

७. पैरों को आकाश की ओर उठाइये, कमर को भी ऊँचा कीजिये, हथेलियों का सहारा लेते रहें, पैरों को तब तक आकाश की ओर उठाइये जब तक पैर, पेट व छाती एक लाइन में न आ जायें, हथेलियों को अपने पीठ पर सहारे के लिये लगा लें, ठोड़ी छाती में (कण्ठकूप में) लग जायेगी, इसी स्थिति में रुकें ।

7. Continue lifting the buttocks and legs towards the sky until the legs, abdomen, and chest form a straight line. Support your back with your hands. The chin should be placed against the chest (jugular notch). Maintain this position for some time.

८. बाद में धीरे से वापस आइये, वापस आते समय पहले कमर नीचे लाइये, पर हाथों का सहारा लिये रहें । जब आपको विश्वास हो कि आप हाथों के सहारे के बिना भी नीचे आ सकते हैं तो हाथ जमीन पर ले आइये । शरीर का भार हाथों से बांटिये, पांवों को ९०° के कोण पर लाकर थोड़ा रुकिये ।

8. Slowly return by lowering the buttocks with the support of the hands. When you feel comfortable, release the support of the hands and arms, placing them on the ground. Dividing the weight of your body between the arms, slowly lower your buttocks to the ground, bringing your legs to a 90° angle.

९. अब पांवों को धीरे धीरे बिना घुटने से मोड़े जमीन पर पूर्वस्थिति में ले आइये ।

9. Slowly lower the legs to the ground at the same time without bending at the knees. Return to the original position.

**ध्यान रहे कि:-**

१. हाथों का उपयोग शरीर को झटका देकर उठाने के लिये न करें ।

२. अपने शरीर को संभाल कर व परख कर आगे आयें, शरीर को कष्ट होता हो या पांव सरलता से न उठता हो तो किसी प्रकार की जबर्दस्ती न करें और न ही झटका दें ।

**Remember:-**

1. Avoid hasty or jerky movements while using your hands to raise your body.
2. Judge the limitations of your own body. If you experience pain in your body, or you cannot easily your legs, do not force yourself.

**लाभ एवं सीमायें:-**

१. इस आसन के द्वारा असमय में हुए वार्धक्य के लक्षण दूर होते हैं ।

२. इसके द्वारा अग्निमांद्य, कब्जीयत, हर्निया, विसेरोप्टोसिस आदि रोग ठीक किये जा सकते हैं ।

३. जिन्हें उच्च रक्तचाप की शिकायत हो वे इसे न करें ।

**Benefits and Limitations:-**

1. This posture removes the symptoms of premature old age.
2. This posture is also useful in the prevention of dyspepsia, hernias, constipation and visceroptosis.
3. Those suffering from high-blood pressure should not practice Sarvangasana.

## १८. अर्धमत्स्येन्द्रासन

## 18. ARDHA-MATSYENDRĀSANA

**वामोरुमूलार्पित दक्षपादं जानोर्बहिर्वेष्टित वामपादम्।**
**प्रगृह्य तिष्ठेत् परिवर्तिताङ्गः श्रीमत्स्यनाथोदितमासनं स्यात्।।** (ह. प्र. १/२६)

vāmorumūlārpita dakṣapādaṃ jānorbahirveṣṭitavāmapādam /
pragṛhya tiṣṭhet parivartitāṅgaḥ śrīmatsyanāthoditamāsanaṃ syāt //26// (H. P. 1/26)

दाहिने पांव को बायें नितम्ब के नीचे और बायें पांव को दाहिने घुटने के बाहर से लपेट कर शरीर को घुमाते हुए (विपरीत हाथों से दोनों पावों को पकड़कर) स्थिर रहें, यह मत्स्येन्द्रासन कहलाता है ।

Placing the right foot under left buttuck, encircling the (right) knee by the left leg, holding (the two feet by the opposite hands), twisting the body and staying in this posture is the Āsana declared by Śri Matsyanātha.

## विधिः-

## Technique:-

१. दोनों पैर मिली हुई अवस्था में सामने फैलाकर बैठ जाइये, हाथ बगल में, हथेलियाँ जमीन पर, अंगुलियां हाथ की सामने मिली हुई अवस्था में रहेंगी ।

1. Sit with your legs together, extending them outward in front of you. Place the hands by the sides of the body with palms on the ground and fingers together pointing forward.

२. दाहिने पैर को घुटने से मोड़िये, धीरे से एड़ी को जंघामूल से सटा कर लगा लीजिये ।

2. Bend your right knee and set your right heel under the bone beneath the buttock.

३. अब बायां पैर मोड़ते हुए दाहिने घुटने के ऊपर से लाकर उसके बगल में भूमि पर रख लीजिये । बायां पैर का घुटना सीधा उठा रहेगा आकाश की ओर ।

3. Bending your left leg, cross the leg over the right knee, placing the left foot on the ground to the outside of the right knee. The knee of the left leg should point towards the sky.

४. अब दाहिना हाथ बायीं ओर बायें घुटने के पास लाइये । बायां घुटना दाहिनी बगल (armpit) के दाहिनी ओर रहेगा ।

4. Now, cross your right arm over your left knee. The left knee should remain near the outer portion of your right armpit.

५. अब दाहिना हाथ सीधा कीजिये व बायें पैर का अंगूठा या पंजा पकड़िये । बायां हाथ पीछे की ओर से दाहिनी जंघा पर ले आवें ।

5. Straighten your right arm, taking hold the toe or ankle of your left leg. Place the left arm behind your back.

६. बायीं ओर से मुड़ते हुए पीछे की ओर देखें, दृष्टि पीछे की ओर रहेगी ।

6. Twisting the body to left and gazing backwards, place your left hand on your right thigh.

७. वापस आते समय पहले जंघा वाला हाथ छोड़ें व सर सीधा कर लें ।

7. Return to the original position by first releasing your left hand from your thigh. Turn the head forward.

८. अब दाहिना हाथ भी ढ़ीला कर लें और पीठ सामान्य स्थिति में ले आवें ।

8. Now, loosening the right hand, release the twist and bring your back to its normal position, facing forward.

९. बायां पैर उठाकर पूर्व स्थिति में ले आवें ।

9. Bring your left leg back to its original position.

१०. दाहिना पैर भी उठाकर पूर्वस्थिति में ले आवें ।

10. Then, bring the right leg back in its original position.

११. इसी प्रकार बायां पैर मोड़कर दूसरी ओर से करें ।

11. In a similar manner, repeat the practice folding the left leg first.

**टिप्पणी:-** अभ्यासियों की सरलता के लिए इसी आसन को सरल बना कर अर्धमत्स्येन्द्रासन नाम दिया है । अन्तर इतना ही है कि मत्स्येन्द्रासन में मुड़ा हुआ पैर पेट के नीचे जंघामूल से लगा रहता है । अर्धमत्स्येन्द्रासन में यह विपरीत नितम्ब के बगल में लगता रहता है ।

**Note:-** This Āsana is a simplified version of Matsyendrāsana and is made for beginners. Ardha-Matsyendrāsana means "Half-Matsyendrāsana." The only difference between the two Āsanais that in Matsyendrāsana the folded leg is placed at the root of the thigh below the abdomen in Half-Lotus. In Ardha-Matsyendrāsana the leg is placed by the side of the opposite buttock.

### ध्यान रहे कि:-

१. इसे करने में कुछ व्यक्ति कठिनाई का अनुभव कर सकते हैं । यदि दाहिने हाथ से बायें पैर का पंजा न पकड़ सकें तो एड़ी के ऊपर पकड़ लें । यह भी न हो सके तो घुटने को पकड़ लें ।

२. पीछे मुड़ते समय अपनी रीढ़ की हड्ड़ी को भली भांति घुमाकर मोड़ें ।

३. इस आसन को करने के पूर्व वक्रासन का अभ्यास भली प्रकार कर लें ।

### Remember:-

1. Some people may experience difficulty practicing this Āsana. If they cannot hold their toes they should hold their ankle instead.
2. If they are unable to hold their ankle they should hold the knee.
3. While twisting backward, the practitioner should remember to twist the backbone nicely.
4. Before resorting to the practice of this Āsana practice Vakrāsana.

### लाभ एवं सीमायें:-

१. यह बद्धकोष्ठता तथा अजीर्ण में अत्यंत लाभकारी है ।

२. इससे यकृत की कार्यशीलता बढ़ती है तथा गुर्दों की दुर्बलता दूर होती है ।

३. मधुमेह में यह बहुत उपयोगी है ।

४. यह कंधे और पीठ की मांसपेशियों के लिए अत्यंत लाभकारी है ।

५. जिन्हें मेरुदण्ड में कड़ेपन की शिकायत हो वे इसे अत्यंत सावधानी से करें ।

### Benefits and Limitations:-

1. This posture is also useful in the prevention of constipation and dyspepsia.
2. This Āsana improves liver efficiency and removes debilities of the kidney.
3. It is very useful in diabetes.
4 It is very beneficial for the shoulder and back muscles.
5. Those suffering from stiffness in the spine should practice this twist very carefully.

## १९. पश्चिमोत्तानासन

## 19. PAŚCHIMOTTĀNĀSANA

**प्रसार्य पादौ भुवि दण्डरूपौ दोर्भ्यां पदाग्रद्वितयं गृहीत्वा ।**
**जानूपरिन्यस्तललाटदेशो वसेदिदं पश्चिमतानमाहुः ।।** (ह. प्र. १/२८)

prasārya pādau bhuvi daṇḍarūpau dorbhyām padāgradvitayaṃ gṛhītvā /
jānūparinyastalālaṭadeśo vasedidam paścimatānamāhuḥ // 28 // (H. P. 1/28)

दोनों पावों को भूमि पर दण्ड के समान फैलाकर हाथों से दोनों अंगूठों को पकड़कर घुटनों पर मस्तक लगाना, इसे ही पश्चिमतान आसन कहते हैं ।
(पश्चिम का अर्थ पीठ की तरफ से है एवं तान का अर्थ तानने से है ।)

Stretching both the legs straight on the ground and holding with the arms the two big toes one should stay (in this position) with one's forehead placed on one's knee. This is called Paścimatānāsana.
(The meaning of Paścima is back and that of Tāna is stretch).

## विधि:-

## Technique:-

१. दोनों पैर मिली हुई अवस्था में सामने फैलाकर बैठ जाइये, हाथ बगल में हथेलियाँ जमीन पर अंगुलियां हाथ की सामने की ओर मिली हुई अवस्था में रहेंगी ।

1. Sit with your legs together, extending them outward in front of you. Place the hands by the sides of the body with palms on the ground and fingers together pointing forward.

२. दोनों हाथों को जंघाओं पर ले आइये ।

2. Place the hands on the respective thighs.

३. इस स्थिति में हाथ ढ़ीले छोड़कर जहां सुविधा हो वहां रख लीजिये, अच्छा हो कि जांघों पर रखें और आगे की ओर झुकें ।

3. Loosening your back muscles, bend your body forward as much as possible.

४. प्रतिदिन अभ्यास करें और थोड़ा-थोड़ा आगे झुकते रहें और अन्त में पैरों के अंगूठों को दोनों हाथों की तर्जनी से पकड़िये और मस्तक घुटनों पर रखिये ।

4. As you continue to practice this Asana daily, bend forward a bit more each day. Once you feel comfortable, grab hold of your big toes with the forefingers of your respective hands. Place your forehead on your knees.

५. कुछ सेकण्ड बाद धीरे से सर उठाइये, अंगूठे छोड़िये और पूर्वस्थिति में आ जाइये ।

5. After some time, raise the head, release the grip from the big toes coming back to the original position.

**ध्यान रहे कि:-**

१. आपका लक्ष धीरे से आगे झुककर अंगूठे पकड़ना है तथा मस्तक घुटनों पर टिकाना है अतः शीघ्रता न करें ।

२. यदि कठिनाई होती हो तो पहले दिन ही पूर्णस्थिति प्राप्त करने का प्रयत्न न करें ।

३. अपनी क्षमता जांच लीजिये, उसके अनुसार रोज थोड़ा-थोड़ा आगे झुकते जाइये ।

४. घुटने कभी भी न मोड़ें चाहे आप आगे झुक पायें या नहीं ।

**Remember:-**

1. In attempting this Āsana, avoid hasty movements. The aim of this Āsana is to hold the toes by bending forward slowly and gently place the forehead on the knees.
2. If you are having difficulties, do not push yourself to reach the final position.
3. Know your limitations and accordingly increase bending forward daily.
4. Do not fold your legs at the knees while bending forward.

### लाभ एवं सीमायें:-

१. स्वामी कुवलयानन्दजी के अनुसार यह उदर को शक्तिशाली बनाता है ।
२. यह कब्जीयत, अजीर्ण तथा शुक्र-दौर्बल्य को दूर करता है ।
३. इसका अभ्यास सायटिका होने की संभावनाओं को टालता है ।
४. स्वामी कुवलयानन्दजी के अनुसार जिन्हें कब्जीयत की दीर्घकालीन शिकायत हो वे इसका अभ्यास प्रतिदिन तीन मिनट से अधिक न करें ।
५. जिन्हें पेट में अल्सर की शिकायत हो वे इसे न करें ।
६. तीन मिनट से अधिक अभ्यास करने हेतु बीच-बीच में उड्डीयान का अभ्यास करना चाहिए ।

### Benefits and Limitations:-

1. According to Swāmi Kuvalayānandaji, this Āsana strengthens the abdominal muscles.
2. It removes constipation, dyspepsia, and seminal weaknesses.
3. It removes the possibilities of sciatica.
4. According to Swāmi Kuvalayānandaji, those suffering from chronic constipation should not practice this posture for more than three minutes daily.
5. Those suffering from ulcers in the abdomen should not practice it.
6. If practicing for more than three minutes, one should perform Uḍḍīyāna Bandha during Paśchimottānāsana.

# २० उग्रासन

# 20 UGRĀSANA

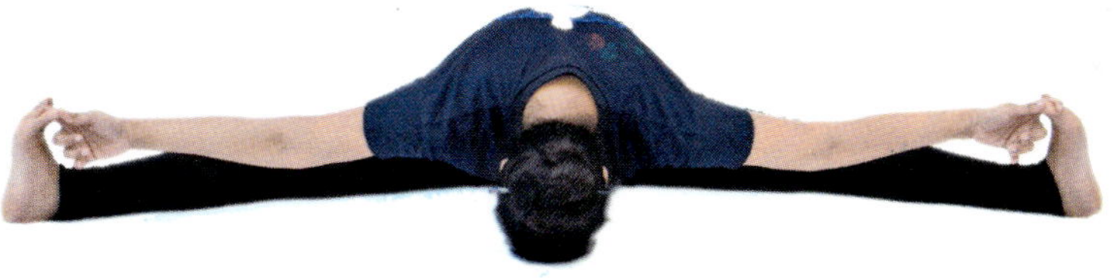

उग्र का अर्थ संस्कृत में कठिन, भयभीत करने वाला से होता है । लगता है कि इसी कारण से इसका नाम उग्रासन रखा गया है । कारण पश्चिमोत्तानासन करते समय ही हम देखते हैं कि बहुत लोग इसे करने में कठिनाई अनुभव करते हैं । उग्रासन पश्चिमोत्तानासन के भी आगे की स्थिति है । कुछ लोग इसे **भूनमनआसन** भी कहते हैं ।

The meaning of Ugra in Sanskrit is difficult, frightening. It seems that due to this reason only it is named Ugrasana. Because we see that while practising even Paśchimotānāsana some persons experience difficulties. Ugrāsana is a still further development of Paśchimotānāsana. Some call this '**Bhūnamanaāsana**' also.

**विधि:-**

**Technique:-**

१. दोनों पांव सामने सीधे मिलाकर बैठ जाइये ।

1. Sit with your legs together, extending them outward in front of you.

२. दोनों पैरों को अपनी दोनों ओर ज्यादा से ज्यादा फैला लीजिये ।

2. Spread the legs, stretching them out away from one another as far as possible.

३. दोनों तर्जनियों से दोनों पैरों के अंगूठे पकड़िये ।

3. Hold the toes of both feet with the respective index fingers.

४. धीरे-धीरे आगे झुकते जाइये जब तक कि आपका माथा जमीन का स्पर्श न कर ले ।

4. Slowly, bend forward until your forehead touches the ground, or up to your maximum capacity.

५. थोड़े समय रहने के पश्चात् माथा उठाइये, अंगूठे छोड़िये व पूर्वस्थिति में वापस आ जाइये ।

5. After maintaining this position for some time, raise the head, release the toes, and come back to the original position.

**ध्यान रहे कि:-**

१. यदि आप जमीन न छू पायें तो कोई हानि नहीं, परन्तु झुकने का धीरे-धीरे अभ्यास बढ़ाइये ।

२. शीघ्रता न करें । इसमें कभी-कभी पीठ में झटका लगने का भय रहता है, यदि कभी गलती से झटका लग भी जाय और पीठ में दर्द हो तो शवासन करना चाहिये ।

३. इसे करने में पैर के जांघों की मांसपेशियां तनती हैं अतः सावधानीपूर्वक करें ।

४. आपके घुटने मुड़ें नहीं ।

**Remember:-**

1. In the beginning there is no harm if you are unable to touch the ground. Gradually increase the practice of bending forward.
2. Avoid hasty or sudden movements, otherwise you may experience muscle spasms in the back. If by mistake you should experience back pain or a pulled muscle, then practice Śavāsana.
3. Likewise, practice this Āsana carefully, as it stretches the thigh muscles.
4. Your legs should not bend at the knees.

**लाभ एवं सीमायें:-**

१. इसका अभ्यास उदर को शक्तिशाली बनाता है तथा सायटिका होने की संभावनाओं को टालता है ।

२. यह कब्जीयत एवं अजीर्ण को भी दूर करता है ।

३. जिन्हें कब्जीयत की दीर्घकालीन शिकायत हो अथवा पेट में अल्सर की शिकायत हो वे इसे न करें ।

**Benefits and Limitations:-**

1. This practice strengthens the abdomen and removes the possibility of sciatica.
2. This posture is also useful in the prevention of constipation and dyspepsia.
3. Those suffering from chronic constipation or have complaints of stomach ulcers should not practice it.

# २१. कोणासन

# 21. KOṆĀSANA

यह आसन परम्परा से आया है । इसका सन्दर्भ प्राचीन पुस्तकों में नहीं मिलता ।

This Āsana has come through tradition. Its reference is not found in old Yogic Texts.

## विधि:-

## Technique:-

१. दोनों पैर मिला कर सीधे खड़े हो जाइये, हाथ जंघाओं से लगे रहेंगे ।

1. Stand tall with your legs together, hands by the sides of the thighs.

२. दोनों पैरों को दो-ढाई फीट के अन्तर पर लाइये और दाहिने हाथ को दाहिनी ओर तथा बायें हाथ को बायीं ओर कंधे के समानान्तर कीजिये, हथेलियां जमीन की ओर रहेंगी ।

2. Then separate the legs approximately two and a half feet apart, while simultaneously extending the arms out to the side in line with the shoulders.

३. अब बगल से दाहिनी ओर दाहिना हाथ धीरे-धीरे नीचे ले जाइये, बायां हाथ ऊपर से आकाश की ओर लाइये ।

3. Bending laterally towards the right side, slowly bring the right hand downward and, at the same time, stretch the left hand skyward.

४. धीरे-धीरे अपना दाहिना हाथ दाहिनी एड़ी तक ले जाइये।

4. Slowly slide the right hand down to the right ankle.

५. अब धीरे से वापस आइये और सीधे खड़े रहते हुए हाथों को कंधों के समानान्तर रखिये, पैरों में भी अन्तर बना रहेगा ।

5. Slowly returning to the original position, stand tall keeping the hands level with the shoulders. The distance between the legs should remain the same.

६. उसी प्रकार बाई तरफ से करे । बायां हाथ बाई एड़ी तक ले आइये ये कोनासन का एकचक्र हुआ ।

6. Repeat the above steps on the left side, bringing your left hand towards the left ankle. This makes one round of Konāsana.

**ध्यान रहे किः-**

१. पैरों का अन्तर कूद कर न लें । धीरे से एक पैर फैलाये ।

२. प्रथम दिन अन्तिम स्थिति प्राप्त करने में कठिनाई हो तो धीरे-धीरे अभ्यास बढ़ाइये ।

**Remember:-**

1. Do not jump to make a distance between the legs.
2. Increase the practice daily, especially if it is difficult to place the hand directly at the ankle.

**लाभ एवं सीमायें:-**

१. इसके अभ्यास से मेरुदण्ड लचीला बनता है ।

२. यह कमर के दर्द में लाभकारी है ।

३. जिन्हें गर्दन अथवा रीढ़ में दर्द तथा उच्च रक्तचाप की शिकायत हो वे इसे न करें ।

**Benefits and Limitations:-**

1. This posture increases flexibility in the spine.
2. Practicing this Āsana decreases pain in the hips and back.
3. Those suffering from both cervical and lumbar spondylosis, as well as from hypertension, should avoid this pose.

## २२. त्रिकोणासन

## 22. TRIKOṆĀSANA

यह आसन भी परम्परा से आया है । आसन की आधुनिक पुस्तकों में इसकी चर्चा काफी है । इसे करने से हम त्रिकोण की आकृति बनाते हैं अतः इसे त्रिकोणासन कहते हैं ।

This Āsana has also come through tradition. It has been described widely in modern Yoga Texts. We assume a triangular form through this practice hence it is called Trikoṇāsana.

**विधिः-**

**Technique:-**

१. दोनों पैर मिलाकर सीधे खड़े हो जाइये, हाथ जंघाओं से लगे रहेंगे ।

1. Stand tall with your legs together, hands by the sides of the thighs.

२. पैरों में लगभग दो फीट का अन्तर लीजिये, दाहिने हाथ को दाहिनी ओर और बायें हाथ को बायीं ओर कंधे के समानान्तर कीजिये ।

2. Then separate the legs approximately two and a half feet apart, while simultaneously extending the arms out to the side in line with the shoulders.

३. धीरे से दाहिनी ओर झुकते हुए दाहिने हाथ की मध्यमा व तर्जनी से बायें पैर का अंगूठा स्पर्श कीजिये व बायां हाथ आसमान की ओर ले जाइये, आपकी दृष्टि भी ऊपर बायें हाथ की ओर रहेगी ।

3. Bending and twisting slowly toward the right side, touch the left big toe with the forefinger and middle finger of the right hand, raising the left hand skyward. Your gaze should be towards the upper (left) hand.

४. कुछ क्षण इस स्थिति में रहने के पश्चात् धीरे से दूसरी स्थिति में वापस आ जाइये ।

4. After maintaining the posture for some time, slowly return to the standing position with arms outstretched and legs apart.

५. अब बायें हाथ से दाहिने पैर का अंगूठा स्पर्श कीजिये व दाहिना हाथ सीधा आसमान की ओर रखें व दृष्टि ऊपर उठे हाथ की ओर ।

5. Now bend and twist the opposite side towards the right foot with left hand. Raise the right hand up towards the sky. Your gaze should be towards the upper (right) hand.

६. वापस आते समय ऊपरवाला हाथ नीचे लाइये, बायां हाथ उठाइये व सीधे खड़े हो जाइये । दोनों पैर मिलाकर पूर्वस्थिति में आ जाइये ।

6. Return to the original posture, lowering the arms to the sides of the body and bringing the legs together.

### ध्यान रहे कि:-

१. पैरों को घुटने से न मोड़ें ।
२. अपनी सीमा पहचानें ।

### Remember:-

1. Do not bend the knees in this posture.
2. Know your limitations and do not practice with haste.

### लाभ एवं सीमायें:-

१. कोणासन के समान ।

### Benefits and Limitations:-

1. Refer to the section on Koṇāsana.

# २३ हलासन

# 23 HALĀSANA

इस आसन का सन्दर्भ किसी प्राचीन पुस्तक में नहीं मिलता है । यह परम्परा से आया हुआ अत्यन्त ही महत्त्वपूर्ण आसन है ।

The reference of this Āsana is not found in any old text. It is a very important Āsana which has come through tradition.

इसे हलासन इसलिये कहते हैं कि इसमें शरीर की आकृति भारतीय हल के समान हो जाती है ।

It is known as Halāsana because in its final position the body resembles the shape of Indian plough.

**विधिः-**

**Technique:-**

१. पीठ के बल, दोनों पैर मिला कर सीधे लेट जाइये, दोनों हाथ सीधे जंघाओं के पास, हथेलियां खुली हुई जमीन से सटी रहेंगी ।

1. Take the supine position with the legs together and hands by the side of the body. Palms should be resting on the ground facing downward.

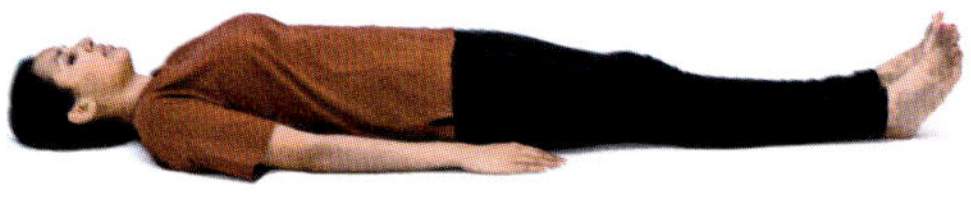

२. धीरे-धीरे दोनों पैर बिना घुटनों से मोड़े हुए उठाइये तथा ३०° के कोण पर रुक जाइये ।

2. Slowly, without bending your knees, raise both legs together up to a $30^0$ angle.

३. ५ सेकण्ड रुकने के बाद ६०° के कोण तक पांव को ऊपर उठाइये, और थोड़ी देर रुकिये ।

3. After some time, raise the legs up to a $60^0$ angle.

४. अब धीरे से दोनों पांवों को ९०° के कोण पर ले आइये ।

4. Raise them again stopping at a $90^0$ angle.

५. दोनों हाथों पर जोर दीजिये, पैरों को थोड़ा सर की ओर झुकाइये ।

5. After some time, lift the legs and raise the buttocks by pressing the hands into the ground.

६. पैरों को तब तक झुकाते जाइये जब तक आप पैरों की अंगुलियों से भूमि का स्पर्श न कर लें और तब दोनों पैरों को और पीछे ले जाइये जहां तक ले जा सकते हैं ।

6. Continue lifting the legs until the toes touch the ground above the head. Stretch the legs backward as far as possible.

७. अब दोनों हाथों के पंजे सिर के ऊपर ले जाकर एक दूसरे में फंसा लें व कुहनियाँ जमीन पर ले आइये ।

7. Interlacing the fingers place the hands on the top of the head. At the same time, bring the elbows to the ground.

८. वापस आते समय पहले हाथों के पंजे खोलिये और हाथ सीधा करके शरीर के बगल में जमीन पर ले आइये ।

8. After some time, return back to the original position by first releasing the finger lock. Then, stretch the arms and place them on the ground back to the original position.

९. कमर को नीचे लाइये और पैर पीछे जमीन से उठा लीजिये, धीरे-धीरे कमर को जमीन से लगने दीजिये और पैरों को ९०° के कोण पर लाकर रुकिये ।

9. Slowly lower the back and the buttocks, keeping the legs at a $90^0$ angle.

१०. धीरे धीरे वापस पूर्वस्थिति में आ जाइये ।

10. Finally, lower the legs and come back to the original supine position.

**ध्यान रहे किः-**

१. पैरों को उठाते समय घुटने न मुड़ें ।

२. पैरों को झटका देकर न उठायें।

३. ९०° के कोण में आने के बाद सावधानी पूर्वक अपना वजन मन में तोलते हुए आगे जाइये, कभी-कभी गुरुत्वाकर्षण के कारण पैर झटके से पीछे की ओर जमीन पर गिर सकते हैं अतः अपने ऊपर नियंत्रण रखें ।

४. पांव पीछे ले जाते समय हाथों पर वजन संभालिये और वापस आते समय भी हाथों का उपयोग वजन संभालने के लिये करें ।

५. यदि पैर जमीन पर लग सकने की स्थिति में न हों तो जबर्दस्ती न करें, जहां तक आसानी से जा सकते हों ले जायें, वहीं रोकें । रोज करते रहने से शरीर में स्वतः आगे बढ़ने की क्षमता और लोच पैदा होगी ।

**Remember:-**

1. Do not bend the knees while both raising and lowering the legs.
2. Avoid jerky or hasty movements while raising the legs.
3. After reaching the $90^0$ angle continue carefully balancing your weight. Due to gravitational force the legs may sometimes fall backwards on to the ground. Therefore, with utmost control practice the posture.
4. While bringing the legs over the head balance your weight on your hands. Observe this while returning the legs and back body to the ground.
5. Do not forcibly stretch the legs over the head if you are not able to touch the ground with the feet. Only stretch them as far as they can be stretched with ease. Maintain the posture for some time. Gradual practice of this Āsana will make the body capable of moving forward and flexibility will be developed.

**लाभ एवं सीमायें:-**

१. उदर की पेशियों में गड़बड़ी के कारण यदि अग्निमांद्य और बद्धकोष्ठता (कब्जीयत) हो गई हो तो वह इस आसन के अभ्यास से ठीक हो सकता है ।

२. मधुमेह के कुछ प्रकारों में भी इस आसन का अभ्यास उपयोगी होता है ।

३. हलासन के तुरन्त बाद भुजंगासन करने से हलासन के अधिकतम लाभ प्राप्त किये जा सकते हैं ।

४. जिन्हें गर्दन में दर्द हो अथवा मेरुदण्ड में कड़ापन हो वे इसे अत्यन्त सावधानीपूर्वक करें ।

**Benefits and Limitations:-**

1. This Āsana can correct disturbances in the abdominal muscles caused by dyspepsia or constipation.
2. The practice of this Āsana is also useful for diabetes.
3. The maximum benefits of Halāsana can be derived when it is practiced immediately before Bhujaṅgāsana.
4. Those suffering from cervical spondylosis or stiffness in the spine should practice it very carefully.

# २४ समासन
## 24. SAMĀSANA

स्वामी कुवलयानन्दजी के अनुसार गुप्तासन का ही दूसरा नाम समासन है । इसमें शरीर सम अवस्था में रहता है । इसी कारण इसका नाम समासन पड़ा । समासन व स्वस्तिकासन में केवल एड़ियों के रखने के स्थान में भेद है, शेष सभी स्थिति समान है । यह एक ध्यानात्मक आसन है ।

According to Swāmi Kuvalayānandaji another name for Guptasana is Samāsana. This posture is called Samāsana because of the way that the body remains in a symmetrical position. The only difference between Samāsana and Svastikāsana lies in the arrangement of the heels. It is considered a meditative Āsana.

## विधिः-

## Technique:-

१. दोनों पैर मिली हुई अवस्था में सामने फैलाकर बैठ जाइये, हाथ बगल में हथेलियाँ जमीन पर रखें । अंगुलियां हाथ की सामने मिली हुई अवस्था में रहेंगी ।

1. Sit with your legs together, extending them outward in front of you. Place the hands by the sides of the body, palms on the ground, and fingers together pointing forward.

२. अपना दाहिना पैर घुटने से मोड़िये, दाहिने पैर का टखना दाहिने हाथ से और पंजा बायें हाथ से पकड़िये, तथा मोड़कर ऊपर उठाते हुए नाभि के सीध में रखिये, तलवा ऊपर रहेगा, पैर की अंगुलियां जमीन पर रहेंगी ।

2. Fold the right leg at the knee. Holding the right ankle with the right hand and the right toes with the left hand, turn the sole of the right foot upwards and place it against the pubic bone. The sole should remain facing the the sky with the toes touching the ground and the heel slightly elevated resting against the pubic bone.

३. उसी प्रकार अपना बायां पैर मोड़ने के लिए बायें हाथ से टखना तथा दायें हाथ से पैर का पंजा पकड़ें ।

3. Similarly, fold the left leg at the knee. Holding the left ankle with the left hand and the left toes with the right hand place the left foot directly above the right. The toes of the left leg should be placed between the calf and thigh of the right leg.

४. अब पांव मोड़कर दाहिने पैर की एड़ी के ऊपर बायीं एड़ी को रखिये व बायें पैर के पंजे को दाहिने जंघा और टखने के मध्य में अन्दर करिये और सीधा बैठ जाइये। हाथ ज्ञानमुद्रा में घुटने पर रखिये ।

4. At this stage the left heel should overlap the right from above. Sit tall and keep the hands on the respective knees in Jnana Mudra.

५. वापस आते समय पहले बायां पैर उठाइये व सीधा करके जमीन पर रख लें ।

5. While coming out of the posture first extend the left leg out.

६. बाद में दाहिना पैर भी पूर्व स्थिति में ले आइये ।

6. Finally, extend the right leg out and sit in the original starting position.

**ध्यान रहे कि:-**

१. समासन व स्वस्तिकासन में थोड़ा सा ही अन्तर है । इसमें एक एड़ी के ऊपर दूसरी एड़ी रहती है ।

२. अपने लिंग को एड़ी के नीचे सावधानी से रखिये । उसपर झटके से दबाव न पड़े ।

**Remember:-**

1. There is a slight difference between Svastikāsana and Samāsana. In Samāsana one heel must rest above the other heel.
2. Male practitioners should be careful to place their genitals below their ankles so as to avoid any accidental pressure or pain.

## २५. उत्तानमण्डूकासन

## 25. UTTĀNAMAṆḌŪKĀSANA

**मण्डूकासनमध्यस्थं कूर्पराभ्या धृतं शिरः।**
**एतद्भेकवदुत्तानमेतदुत्तानमण्डूकम्।।** (घे. सं. २/३५)

maṇḍukāsanamadhyasthaṃ kūrparābhyāṃ dhṛtaṃ śiraḥ /
etadbhekavaduttānametaduttānamaṇḍukam //35// (G. S. 2/35)

मण्डूकासन की स्थिति में आने के बाद सिर को कुहनियों से सहारा दें, यह उत्तानमण्डूकासन है जो दिखने में उन्नत मेंढ़क के समान मालूम होता है।

While in Maṇḍūkāsana, hold the head by the elbows. This is Uttāṇamanḍūakāsana which resembles an upright frog.

**विधिः-**

**Technique:-**

१. वज्रासन की स्थिति में बैठ जाइये ।

1. Sit in Vajrāsana.

२. दोनों घुटनों को फैला लीजिये किन्तु पैरों के अंगूठे मिले हुए रखें ।

2. Gently spread apart the knees to the sides while keeping the big toes together. Ideally, the buttocks will touch the ground.

३. अपना दाहिना हाथ ऊपर की ओर से पीछे मोड़कर हथेली बायें कन्धें के नीचे लगायें ।

3. Raising the right arm along side the ear, bend it at the elbow and place the right hand underneath the left shoulder. The elbow should be pointing towards the sky.

४. अब बायां हाथ उसी प्रकार मोड़कर हथेली दाहिने कंधे के ऊपर लगायें, कुहनियां एक के ऊपर एक रहेंगी ।

4. In a similar manner, place the left hand underneath the right shoulder. At this point, the left arm should overlap the right arm.

५. वापस आते हुए धीरे से बायां हाथ फिर दाहिना हाथ हटावें और घुटने एक दूसरे के समीप ले आवें ।

5. Return to the starting posture by bringing back the left arm and then the right arm. Finally, bring the knees together.

**ध्यान रहे कि:-**

१. हाथों की स्थिति ठीक से समझकर धीरे-धीरे मोड़ें ।

२. पीठ व रीढ़ सीधी रहे व दृष्टि सामने ।

३. पहले ऊपर का हाथ हटावें, बाद में दूसरा ।

**Remember:-**

1. Before beginning this Āsana, please be aware of how to correctly bend and place the arms.
2. The back and the spine should remain erect.
3. While returning to the starting posture, the arm that overlaps the other arm from above (i.e. the left arm) should be the first arm to come out of the posture.

**लाभ एवं सीमायें:-**

१. आकर्णधनुरासन के समान ।

२. यह मध्यच्छदा के हलन चलन में सहायक होता है ।

**Benefits and Limitations:-**

1. This Āsana benefits diaphragmatic movements.
2. Please refer to the section on Ākarṇadhanurāsana for similar benefits and limitations.

## २६. भद्रासन

## 26. BHADRĀSANA

**गुल्फौ च वृषणस्याधः सीवन्याः पार्श्वयोः क्षिपेत् ।**
**सव्यगुल्फं तथा सव्ये दक्षगुल्फं तु दक्षिणे ।।**

**पार्श्वपादौ च पाणिभ्यां दृढं बद्ध्वा सुनिश्चलम्**
**भद्रासनं भवेदेतत्सर्व व्याधि विनाशनम् ।।** (ह. प्र. १/५३-५४)

gulphāu ca vṛṣaṇasyādhaḥ sīvanyāḥ pārśvayoḥ kṣipet /
savyagulphaṃ tathā savye dakṣagulphaṃ tu dakṣiṇe //53//

pārśvapādau ca pāṇibhyāṃ dṛḍhaṃ baddhvā suniścalam /
bhadrāsanaṃ bhavedetat sarvavyādhivināśanam ////54// (H. P. 1/53-54)

दोनों एड़ियों को अण्डकोष के नीचे सीवनी के बगल में रखें, बायीं एड़ी को सीवनी के बायीं ओर तथा दाहिनी एड़ी को सीवनी के दाहिनी ओर रखें । दोनों पैरों को अच्छी प्रकार पकड़कर स्थित रहें । यह सभी व्याधियों का नाश करने वाला भद्रासन है ।

Place the two ankles under the scrotum on each side of the perineum, the left knee on the left (side) and the right one on the right (side) and, firmly holding with the hands the feet which are (thus) made to touch the sides, one should remain steady. This Bhadrāsana which destroys all diseases.

## विधि:-

## Technique:-

१. दोनों पैर मिली हुई अवस्था में सामने फैला कर बैठ जाइयें, हाथ बगल में हथेलियां जमीन पर, अंगुलियां हाथ के सामने मिली हुई अवस्था में रहेंगी ।

1. Sit with your legs together, extending them outward in front of you. Place the hands by the sides of the body, palms on the ground, and fingers together pointing forward.

२. अब धीरे से बायां व दाहिना पैर घुटने से मोड़ते हुए दोनों तलुवे परस्पर मिला लीजिए ।

2. Bending the legs at the knees join the soles of the feet together. Try to keep the knees as close to the ground as possible.

३. दोनों हाथों से अपने पैर एड़ी के बगल में पकड़ लीजिए ।

3. Hold the ankles.

४. धीरे-धीरे पैरों को अपनी तरफ लाइये तथा वहाँ तक लाइये कि ये सीवनी के नीचे आ जाए, घुटने जमीन से लगे रहेंगे, शरीर सीधा, दृष्टि सामने ।

4. Gradually, bring the heels of the feet closer to the body until they touch the region of the perineum. In doing so, try to keep the legs and knees on the ground. Sit erect and gaze in front.

५. वापस आते समय पैर ढ़ीले कीजिए, व पूर्व स्थिति में आ जाइये ।

5. Return to the starting position by loosening the legs.

**ध्यान रहे कि:-**

१. इसे करते समय पश्तिमोत्तानासन की तरह जांघों के नीचे तान पड़ती है। अतः इसका अभ्यास सावधानीपूर्वक करें ।

२. कमर व गर्दन सीधी रहे ।

**Remember:-**

1. This Āsana produces a great stretch in the thighs, thus, remember to practice it carefully.
2. The waist and neck should remain straight.

**लाभ एवं सीमायें:-**

१. यह कटिप्रदेश के लिए बहुत अच्छा आसन है एवं यह कटि को स्वस्थ रखता है।

**Benefits and Limitations:-**

1. This Āsana keeps the lumbar region healthy.

## २७. आकर्णधनुरासन

## 27. ĀKARṆADHANURĀSANA

**पादाङ्गुष्ठौ तु पाणिभ्यां गृहीत्वा श्रवणावधि ।**
**धनुराकर्षणं कुर्यात् धनुरासनमुच्यते ।।** (ह. प्र. १/२५)

pādāṅguṣṭhau tu pāṇibhyāṃ gṛhītvā śravaṇāvadhi /
dhanurākarṣaṇaṃ kuryāt dhanurāsanamucyate //25// (H. P. 1/25)

अपने पांव के अंगूठों को अपने हाथ से पकड़कर धनुष के समान तानकर कानतक ले जाना आर्कण धनुरासन कहलाता है ।

Holding the toes (alternately) with opposite hands, pulling them (the toes) up to the (corresponding or opposite) ears, (and thus) assuming the shape of a stretched bow. This is called Ākarṇa-Dhanurāsana.

विधिः-

**Technique:-**

१. दोनों पैर मिली हुई अवस्था में सामने फैलाकर बैठ जाइये, हाथ बगल में, हथेलियां जमीन पर, अंगुलियां हाथ की सामने मिली हुई अवस्था में रहेंगी ।

1. Sit with your legs together, extending them outward in front of you. Place the hands by the sides of the body, palms on the ground, and fingers together pointing forward.

२. अब दाहिने हाथ की तर्जनी और अंगूठे के सहारे बायें पैर का अंगूठा और उसी प्रकार बायें हाथ से दाहिने पैर का अंगूठा पकड़ लीजिये ।

2. Slightly bending the left leg, use the forefinger and thumb of the right hand to hold the big toe of the left foot. Similarly, hold the big toe of the right foot with the left forefinger and thumb.

३. दाहिने हाथ से बायां पैर का अंगूठा पकड़कर उठाइये कि वह आपके दाहिने कान का स्पर्श कर सके ।

3. Pull the left leg with the right arm until the toes are near the right ear.

४. थोड़ी देर बाद प्रथम स्थिति में वापस आ जाइये ।

4. After some time, come back to the original starting position.

५. अब बायें हाथ की तर्जनी व अंगूठे से दाहिने पैर को अंगूठे से पकड़कर बाये कान तक ले जाइये, पुनः थोड़े समय के पश्चात् वापस आ जाइये यह एक क्रम हुआ ।

5. Repeat this practice with the right leg and left arm. This completes one round of Ākarṇa-Dhanurāsana.

**टिप्पणी:-** ब्रह्मानन्द के अनुसार यह आकर्ण धनुरासन है। धनुष की प्रत्यञ्चा को कान तक खींचने से जिस प्रकार की आकृति बनती है वैसी ही (धनुष की) आकृति यहाँ पर भी बनने के कारण इसे आकर्ण-धनुरासन कहा गया है ।

**Note:-** The name of this Asana was coined by Brahmānanda. This posture is known as Ākarṇa-Dhanurāsana because the body resembles the shape of a stretched bow.

### ध्यान रहे किः-

१. आसन करते समय जब पैर के अंगूठे पकड़ें तो आगे झुकें ।

### Remember:-

1. Bend forward slightly to facilitate the effort of holding the big toes.

### लाभ एवं सीमायेंः-

१. यह पीठ एवं कटिप्रदेश के दर्द को दूर करने के लिए अच्छा आसन है ।

२. यह जंघा-सन्धि तथा कन्धे के लोच को बढ़ाता है ।

३. यह सन्धिवात तथा गठिया के लिए भी उपयोगी है ।

### Benefits and Limitations:-

1. This posture helps to remove pain in the back and the lumbar region.
2. It increases the elasticity of the thighs, hip joints and shoulders.
3. It is also useful in arthritis and rheumatic disorders.

## २८. मयूरासन

## 28. MAYŪRĀSANA

**धरामावष्टभ्य करद्वयेन तत्कूर्परस्थापितनाभिपार्श्वः ।**
**उच्चासनो दण्डवदुत्थितःखे मायूरमेतत् प्रवदन्ति पीठम् ।।** (ह. प्र. १/३०)

dharāmavaṣṭabhya karadvayena tatkūrparasthāpitanābhipārśvaḥ /
uccāsano daṇḍavadutthitaḥ khe māyūrametat pravadanti pīṭham //30// (H. P. 1/30)

दोनों हथेलियों को भूमि में भली प्रकार स्थापित कर और दोनों कुहनियों को नाभि के बगल में लगाकर दंड के समान अधर में उठ जाने को मयूरासन कहते हैं ।

Holding the ground with both the palms, supporting the (corresponding) sides of the navel by both the elbows and raising oneself like a horizontal stick, in the air, this is called Mayūrāsana.

## विधि:-

## Technique:-

१. दोनों पंजों के बल बैठ जाइये, घुटने जमीन से लगे रहेंगे ।

1. Sit on the knees, separating them approximately one feet apart.

२. दोनों हाथों के पंजे खोलते हुए हथेलियां जमीन पर लगा लीजिये । हाथों की अंगुलियां फैली हुई पीछे की ओर रहेंगी ।

2. Leaning forward, place the hands flat on the floor with the fingers pointed in towards the body. The fingers should be stretched apart slightly.

३. कुहनियां नाभि के दोनों ओर भली प्रकार लगायें ।

3. Bending the elbows, place them against the midriff region on each side of the navel.

४. धीरे-धीरे पैर को सीधा फैलाकर सावधानी पूर्वक थोड़ा आगे आकर शरीर को ऊपर उठावें ।

4. Straightening the legs, cautiously shift the body weight forward and raise the upper part of the body. The toes should continue to touch the ground.

५. अगर शरीर उठ गया हो तो पैरों को दंड के समान सीधा करें व छाती गर्दन तथा सर भी सीधा रखें ।

5. Maintaining the weight in the arms and upper body, lift the feet off the ground and straighten the legs like a stick. Keep the chest, neck and head aligned in a straight line.

६. कुछ रुकने के पश्चात् पूर्वस्थिति में वापस आ जाइये । धीरे से पैरों को मोड़कर घुटने जमीन पर लगा लें ।

6. After maintaining this position for some time, begin to return to the original starting position by slowly bending the legs and placing the knees on the ground.

७. हाथों को उठाते हुए पूर्वस्थिति में आ जायें ।

7. Finally, remove the hands from the ground and sit on the heels.

**टिप्पणी:-** संस्कृत में 'मयूर' का अर्थ होता है 'मोर' । इसमें अपनी दोनों कुहनियों के ऊपर पूरे शरीर के दण्ड के रूप में संभालना होता है जैसा कि चित्र में दिखाया गया है । मोर की आकृतिवाला होने के कारण इसे मयूरासन कहा गया है ।

**Note:-** The pose is called Mayūrāsana because it imitates the behaviour of a peacock. The practitioner has to hold his whole body like a stick on both his elbows. Mayūr means peacock in Sanskrit.

**ध्यान रहे कि:-**

१. यह एक अत्यन्त महत्त्वपूर्ण सन्तुलनात्मक आसन है ।

२. इसमें सारा भार नाभि के ऊपर रहता है तथा किसी भी क्षण अस्थिर अवस्था में आ सकने की संभावना रहती है अतः सावधानीपूर्वक करें ।

३. किसी भी हालत में झटका न लगने दें ।

४. यदि आसन करते हुए खांसी या छीक आने की संभावना हो तो वापस आ जायें और पुनः अभ्यास करें ।

**Remember:-**

1. This is a very important balance pose.
2. During this posture the full weight of your body remains on the navel region and thus it is possible to lose balance very quickly. Therefore, it is important to practice this posture with care.
3. Avoid jerky and hasty movements throughout the practice of this Āsana.
4. During this posture, if you feel the need to cough or sneeze then return to the original starting position and practice it again.

**लाभ एवं सीमायें:-**

१. यह विसरोप्टोसिस तथा अजीर्ण को दूर करने हेतु अच्छा आसन है ।

२. यह मधुमेह के लिए भी लाभकारी है ।

३. जिन्हें गर्दन में दर्द की शिकायत हो वे इसे न करें ।

**Benefits and Limitations:-**

1. This Āsana is beneficial in preventing visceroptosis and dyspepsia.
2. It is also useful for diabetes.
3. People suffering from cervical spondylosis should not practice this Āsana.

## २९. सिंहासन

## 29. SIMHĀSANA

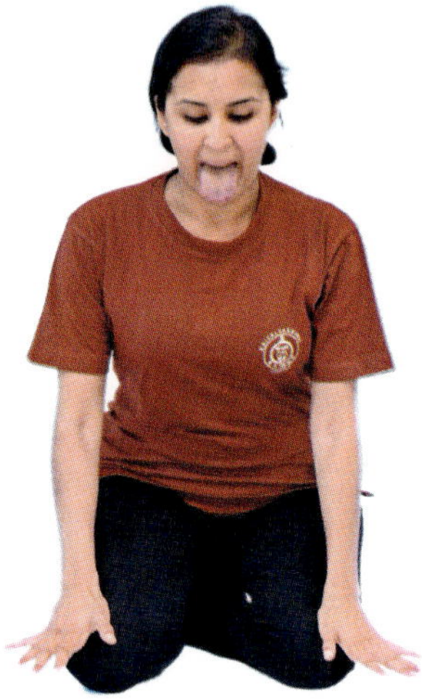

**हस्तौ तु जान्वोः संस्थाप्य स्वाङ्गुलीः संप्रसार्य च**
**व्यात्तवक्त्रौ निरीक्षेत नासाग्रं सुसमाहितः ।।**
**सिंहासनं भवेदेतत् पूजितं योगिपुङ्गवैः**
**बन्धत्रितयसंधानं कुरुते चासनोत्तमम् ।।** (ह. प्र. १/५१, ५२)

hastau tu jānvoḥ saṃsthāpya svāṅgulīḥ saṃprasārya ca /
vyāttavaktro nirīkṣeta nāsāgraṃ tu samāhitaḥ //51//
siṃhāsanaṃ bhavedetat pūjitaṃ yogipuñgavaiḥ /
bandhatritayasandhānaṃ kurute cāsanottamam //52// (H. P. 1/51, 52)

दोनों हाथों को घुटनों पर रख कर सभी अंगुलिओं को फैलाये मुख को चौड़ा खोल कर दृष्टि नासाग्र कर अच्छी प्रकार स्थिर रहें । श्रेष्ठ योगियों द्वारा सम्मानित यह आसन सिंहासन कहलाता है । आसनों में श्रेष्ठ यह आसन तीनों बन्धों को सरल बनाता है ।

Placing the palms on the knees, spreading out the fingers, (and) opening the mouth wide, one should gaze at the tip of the nose and be well (perfectly) composed. This is Siṃhāsana, adored by eminent Yogis. This, the best of the Āsanas, facilitates (adopting) the three Bandhas.

### विधिः-

### Technique:-

१. वज्रासन की स्थिति में आ जाइये ।

1. Sit in Vajrāsana.

२. अब थोड़ा उठिये, घुटने के बल हो जाइये एवं दाहिने पैर की एड़ी व पंजा बायें पैर की एड़ी के ऊपर से कँचीनुमा आकृति करके दूसरी ओर रख लीजिए ।

2. Raising your buttocks, cross the right foot over the left foot at the ankles. The shape of the feet should resemble that of a scissor.

३. दोनों एड़ियों पर बैठ जाइये व दाहिना हाथ दाहिने घुटने पर तथा बायां बायें पर रखकर अंगुलियां फैला लीजिये ।

3. Sitting on the heels, place both hands on the respective knees, and spread the fingers apart.

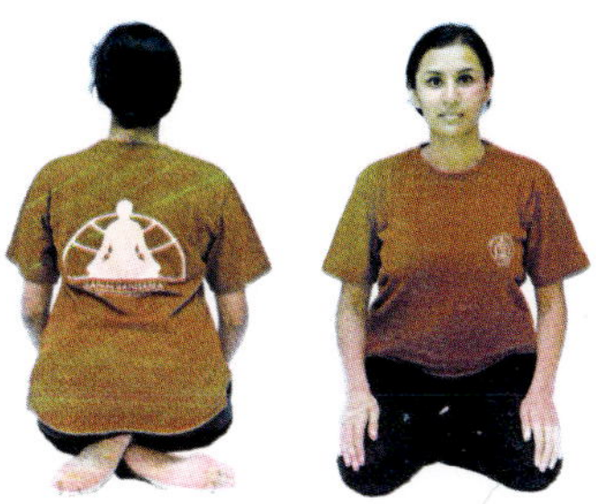

४. जीभ बाहर निकालिये जितनी निकल सके, दृष्टि नासाग्र रहेगी । अथवा भ्रू मध्य रहेगी ।

4. Stick out the tongue as much as possible and gaze at the tip of the nose.

५. वापस आते समय मुख सामान्य कीजिये हाथों को ढीला छोड़िये और पूर्वस्थिति में आ जाइये ।

5. Finally, relax the face and return to the original starting position.

**टिप्पणीः-** संस्कृत में 'सिंह' शेर को कहते हैं अतः शेर की आकृति की स्थिति में आने को सिंहासन कहा जाता है ।

**Note:-** In Sanskrit Siṃhā means lion. This pose is called Siṃhāsana because it imitates the form of a lion.

**ध्यान रहे किः-**

१. घुटनों पर हाथ सीधे तने हुए एवं छाती तनी हुई रहेगी ।

२. जीभ बाहर निकालते समय थोड़ी सी आवाज के साथ श्वास मुंह से बाहर निकालें ।

३. श्वास निकालना समाप्त होने पर थोड़ी देर रुकें व पुनः जीभ अन्दर लेकर पुनः करें ।

**Remember:-**

1. The arms should be kept straight with the hands placed on the respective knees and fingers spread well apart.
2. While sticking out the tongue, exhale from the mouth imitating the sound of a lion.
3. After exhaling, maintain this position for a few seconds. Taking the tongue in, repeat this practice again.

### लाभ एवं सीमायें:-

१. इससे गर्दन की मांसपेशियों को व्यायाम मिलता है और इसमें रक्तसंचरण की भी वृद्धि होती है ।

२. थायरॅड भी स्वस्थ होता है ।

३. टान्सिल के कुछ प्रकारों में यह लाभकारी है ।

४. इसे सभी कर सकते हैं ।

### Benefits and Limitations:-

1. This Āsana exercises the muscles of the neck and thus improves the circulation of blood.
2. This practice leads to a healthy thyroid.
3. It also benefits certain types of tonsillitis.
4. Everyone can practice this Āsana.

# ३० पद्मासन

# 30. PADMĀSANA

पारम्परिक पुस्तक में पद्मासन के नाम से बद्धपद्मासन का ही उल्लेख मिलता है, जिसका वर्णन इसी पुस्तक में आगे किया जायेगा । यहाँ नवीन अभ्यासियों की सुविधा के लिए सामान्य पद्मासन की प्रक्रिया का वर्णन किया गया है ।

In traditional Yogic texts, the description of Baddha-Padmāsana is typically described as Padmāsana. Here, the simplified version of Padmāsana is described for beginners. We go on to describe Baddha-Padmāsana in a later chapter.

## विधिः-

## Technique:-

१. दोनों पैर मिली हुई अवस्था में सामने फैला कर बैठ जाइये, हाथ बगल में हथेलियाँ जमीन पर अंगुलियां हाथ की सामने मिली हुई अवस्था में रहेंगी ।

1. Sit with your legs together, extending them outward in front of you. Place the hands by the sides of the body, palms on the ground, and fingers together pointing forward.

२. धीरे से एक पैर (दाहिना) बायें हाथ से पैर का पंजा तथा दाहिने हाथ से एड़ी के ऊपर का टखना पकड़कर बायीं जंघा के ऊपर ले आइये ।

2. Hold the right foot with the left hand. Taking the right hand underneath the right ankle, place the right foot on the left thigh.

३. इसी प्रकार दूसरा पैर (बायां) दाहिने हाथ से पैर का पंजा तथा बायें हाथ से एड़ी के ऊपर का टखना पकड़ें ।

3. Similarly hold the left foot with the right hand and take the left hand underneath the left ankle.

४. अब उसे अच्छी तरह दाहिनी जंघा के ऊपर रख लीजिये ।

4. Place the left foot on the right thigh.

५. हाथ घुटनों पर ज्ञान मुद्रा में रखें, आँखें बन्द रखें अथवा दृष्टि नासाग्र या सामने की ओर ।

5. Place the hands on the respective knees in Jñana Mudrā. Close your eyes or gaze at the tip of your nose or in front.

६. वापस आते समय पहले बायें पैर को जंघा से उतार कर सीधा रख लीजिये ।

6. While coming out of the posture first stretch out the left.

७. अब दाहिना पैर भी सीधा करके पूर्वस्थिति में बैठ जाइये ।

7. Finally, stretch out the right leg and sit in the original starting position.

**ध्यान रहे कि:-**

१. यह एक ध्यानात्मक आसन है अतः अन्तिम स्थिति में रीढ़ की हड्डी बिल्कुल सीधी रहे ।

२. पद्मासन के पूर्व अर्धपद्मासन का अभ्यास भली प्रकार कर लें ।

३. जबर्दस्ती न करें । यदि एक पैर विपरीत जंघा पर रखने के बाद दूसरा पैर दूसरी जंघा पर पूर्णतया न आता हो, यदि पैर सुन्न पड़ते हो तो सामने सीधे फैलालें, तो पांव जबर्दस्ती रखने का प्रयास न करें ।

**Remember:-**

1. This is a meditative posture and thus the spine must remain straight.
2. Beginners should practice Ardha Padmāsana before resorting to the practice of Padmāsana.
3. Practice this Āsana according to the limitations of your body. If you are unable to place both feet on the thighs do not forcefully push yourself. Go at your own pace.

**लाभ एवं सीमायें:-**

१. जिन लोगों को घुटने में दर्द की स्थायी शिकायत हो, वे इसे न करें ।

२. जिन्हें पिंडली की पेशियों में पकड़ आते हों वे इसे सावधानी पूर्वक करें ।

**Benefits and Limitations:-**

1. Those suffering from chronic knee pain should not practice this Āsana.
2. People who experience cramps in their calf muscles should practice this posture cautiously.

## ३१. वकासन

## 31. VAKĀSANA

संस्कृत में 'बक' का अर्थ होता है बगुला । इसे वकासन इसलिये कहते हैं कि इस आसन के द्वारा शारीरिक दृष्टि से वक का स्वरूप लाते हैं ।

'Vaka' means crane in Sanskrit. This posture is called Vakāsana because it imitates the form of a crane.

## विधिः-

## Technique:-

१. पैरों के तलुवे जमीन पर टिकाकर बैठ जाइये । घुटनों को थोड़ा चौड़ा कर लीजिये और दोनों हाथों की हथेलियां व पंजे फैलाकर जमीन में लगा लीजिये । दोनों घुटनों को कुहनियों के ऊपर बगल से रख लीजिये (बायां बायीं कुहनी के ऊपर बगल से व दायां दायीं कुहनी के ऊपर बगल से)

1. Sit in a squatting position with the knees apart and soles on the ground. Extending the arms over the knees, place the hands on the ground so that the knees are placed against the arms directly above the elbows.

२. अब धीरे से आगे झुकिये कि दोनों पैर जमीन से उठ जायें व आप अपने हाथों पर घुटनों का सहारा लेकर अधर में स्थित हो जावें । दृष्टि सामने रहें ।

2. Slowly, bend forward shifting the weight of the body to the arms. Using the help of your knees lift your legs off the ground. Gaze in front.

३. थोड़ा रुकें व वापस आ जावें, धीरे से पैर जमीन पर रख लें ।

3. Maintain your balance for some time and then return to the original starting position by slowly placing your soles on the ground.

### ध्यान रहे कि:-

१. यह सन्तुलनात्मक आसन है अतः सावधानी से करें ।

### Remember:-

1. This is a balance pose and thus one should practice it with care.

### लाभ एवं सीमायें:-

१. यह आसन भुजदण्ड की मांसपेशियों को मजबूत बनाता है ।
२. यह कमर के दर्द में लाभकारी है ।
३. जिन्हें गर्दन की हड्डी में दर्द हो वे इसे न करें ।

### Benefits and Limitations:-

1. This Āsana strengthens the bicep muscles.
2. This posture is beneficial for lumbar spondylosis.
3. Those suffering from cervical spondylosis should not practice this Āsana.

## ३२. पद्मासन (बद्ध)
## 32. PADMĀSANA (BADDHA)

**वामोरुपरि दक्षिणं च चरणं संस्थाप्य वामं तथा**
**दक्षोरुपरि, पश्चिमेन विधिना धृत्वा कराभ्यां दृढम् ।**
**अङ्गुष्ठौ, हृदये निधाय चिबुकं नासाग्रमालोकयेत्**
**एतद्व्याधिविनाशकारि यमिनां पद्मासनं प्रोच्यते ।।** (ह. प्र. १/४४)

vāmorūpari dakṣiṇaṃ ca caraṇaṃ saṃsthāpya vāmaṃ tathā
dakṣorūpari, paścimena vidhinā dhṛtvā karābhyāṃ dṛḍham /
aṅguṣṭhau, hardaye nidhāya cibukaṃ nāsāgramālokayet
etadvyādhivināśakāri yaminām padmāsanaṃ procyate //44// (H. P. 1/44)

बायीं जंघा के ऊपर दाहिना पांव तथा दाहिनी जंघा के ऊपर बायां पैर स्थापित करें, दोनों हाथों को पीछे की ओर से लाकर बायें हाथ से बायें अंगूठे (पैर का) तथा दाहिने से दाहिने अंगूठे को दृढ़ता से पकड़ने के पश्चात् ठोड़ी को हृदय प्रदेश पर लगाकर दृष्टि नासाग्र करने से पद्मासन सभी रोगों को दूर करने वाला है ।

Fixing the right foot on the left thigh and the left (foot) on the right thigh, the big toes are to be held by both hands, arms crossing behind the back, the chin to be fixed on the chest, and the tip of the nose to be gazed at. This is known as Padmāsana (Baddha) which destroys (all) the diseases of Yogis.

## विधिः-

## Technique:-

१. दोनों पैर मिली हुई अवस्था में सामने फैला कर बैठ जाइये, हाथ बगल में हथेलियां जमीन पर, अंगुलियां हाथ की सामने मिली हुई अवस्था में रहेंगी ।

1. Sit with your legs together, extending them outward in front of you. Place the hands by the sides of the body, palms on the ground, and fingers together pointing forward.

२. धीरे से एक पैर (दाहिना) बायें हाथ से पैर का पंजा तथा दाहिने हाथ से एड़ी के ऊपर का टखना पकड़ कर बायीं जंघा के ऊपर ले आइये ।

2. Hold the right foot with the left hand. Taking the right hand underneath the right ankle, place the right foot on the left thigh.

३. इसी प्रकार दूसरा पैर (बायां) दाहिने हाथ से पैर का पंजा तथा बायें हाथ से एड़ी के ऊपर का टखना पकड़ें ।

3. Similarly hold the left foot with the right hand and take the left hand underneath the left ankle.

४. अब उसे अच्छी तरह दाहिना जंघा के ऊपर रख लीजिये ।

4. Place the left foot on the right thigh.

५. दोनों हाथ पीछे से लेकर कैंची की तरह करके दाहिने हाथ से दाहिने पैर का अंगूठा व बायें से बायां अंगूठा पकड़िये ।

5. Crossing the arms behind the back, hold the right big toe with the right hand and the left big toe with the left hand.

६. ठोड़ी छाती से लगाइये, दृष्टि नासाग्र रखें, यह बद्ध पद्मासन हैं ।

6. Place the chin on the jugular notch forming Jalandhara Bandha.

७. वापस आते समय ठोड़ी छाती से हटाइये, सर सीधा कीजिये अंगूठे छोड़िये और हाथ पीछे की ओर से वापस लाकर बगल में रख लीजिये ।

7. While coming back to the starting position, straighten your head, let go of the toes and keep the hands by the sides of the body.

८. बायें पैर की एड़ी से पकड़कर उसे दाहिनी जंघा से उतार कर उसे सीधा कर लीजिये ।

8. Holding the left foot with the right hand remove it from the right thigh and stretch it out in front of you.

९. इसी प्रकार दाहिना पैर भी बायीं जंघा से उतार कर सीधा कर लीजिये और पूर्वस्थिति में आ जाइये ।

9. Similarly, remove the right foot from the left thigh and come back to the original starting position.

**टिप्पणी:-** सामान्यता इस आसन को बद्धपद्मासन कहते हैं ।

**Note:-** Generally this Āsana is called Baddha-Padmāsana

**ध्यान रहे कि:-**

१. यह सामान्य पद्मासन के आगे की स्थिति है ।

२. बद्ध पद्मासन के अभ्यास के पहले सामान्य पद्मासन का अच्छी तरह अभ्यास कर लें ।

३. प्रारम्भ में आपका एक घुटना उठा रह सकता है, अभ्यास से यह भी जमीन पर लगने लगेगा ।

४. कमर एवं छाती सीधी रखें ।

५. दृष्टि नासाग्र करें ।

**Remember:-**

1. This Āsana is a further development of Padmāsana.
2. Before practicing this Āsana one should practice Padmāsana first.
3. Beginners may find it difficult to place both knees on the ground however with practice this can be achieved.
4. Keep the waist and chest straight.
5. Gaze at the tip of the nose.

### लाभ एवं सीमायें:-

१. यह आसन कब्जीयत में उपयोगी है तथा पाचन शक्ति को बढ़ाता है ।

२. इससे रीढ़ की हड्डी को सीधा रखने में मदद मिलती है ।

३. यह संधिवात में लाभकारी है ।

४. जिन्हें इस आसन को करने में कठिनाई हो वे जबर्दस्ती न करें ।

### Benefits and Limitations:-

1. This Āsana is useful in constipation and improves digestive power.
2. It helps in keeping the spine erect.
3. It is beneficial in Arthritis.
4. Those who find it difficult to practice this Āsana should not forcefully push themselves.

# ३३. तोलांगुलासन
## 33. TOLĀṄGULĀSANA

यह आसन शरीर को तराजू के समान तौलता है अतः यह तोलांगुलासन के नाम से जाना जाता है । यह परम्परा से आया हुआ आसन है । इसमें शरीर को हाथ की मुट्ठी पर रखा जाता है ।

In this Āsana the entire weight of the body is balanced on closed fists. This posture has been passed down through tradition.

## विधिः-

## Technique:-

१. पद्मासन की स्थिति में बैठ जाइये ।

1. Sit in Padmāsana.

२. पीठ के बल लेटने के लिए धीरे से कुहनियों का सहारा लीजिये ।

2. Taking the support of the elbows lean back.

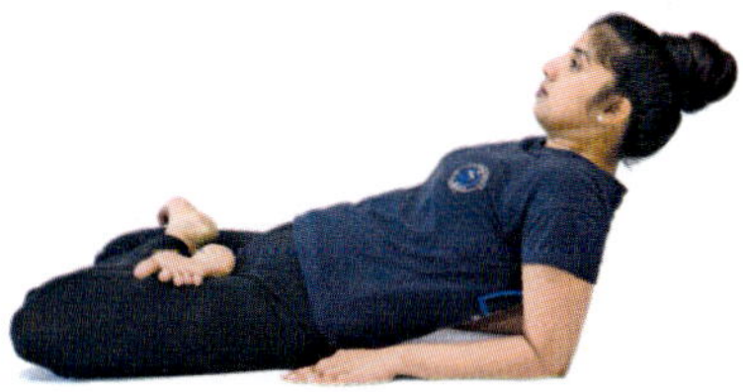

३. पीठ के बल लेट जाइये ।

3. Straightening your arms alongside your body, lie completely on your back.

४. दोनों घुटने उठाते हुए थोड़ा पेट की ओर ले जाइये, ताकि आपका नितम्ब उठ जाये, दोनों मुठ्ठियां बांध कर कूल्हे के नीचे ले आइये, कुहनियां जमीन से लगी रहेंगी ।

4. Maintaining the footlock of the legs, bring the legs towards the stomach so that the buttocks are slightly raised off the ground. With closed fists place the hands under the buttocks. Elbows should continue to touch the ground.

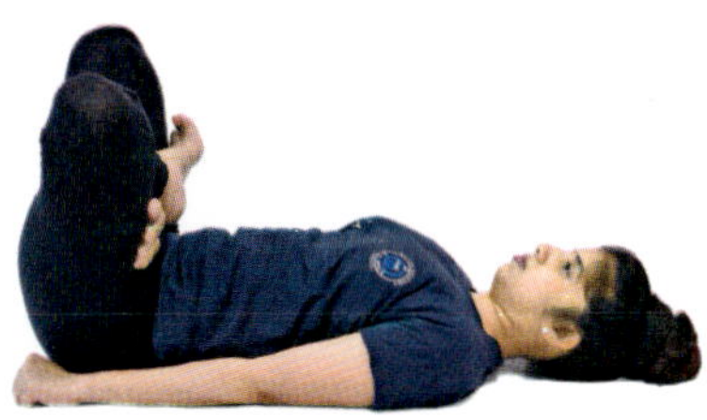

५. अब घुटने व सिर तथा पीठ उठाइये व शरीर को मुट्ठियों पर सन्तुलन कीजिये (कुहनियां जमीन से उठी रहेंगी) ।

5. Raising the upper body and head, balance the weight of your body on the fists. At this point, the elbows should be up off the ground.

६. वापस आते समय पहले दोनों कुहनियों पर अपना भार लाइये । धीरे से सिर व पीठ जमीन पर ले आइये ।

6. While coming out of the posture put the weight of your body on the elbows. Slowly bring your back and head to the ground.

७. अब मुट्ठियां भी नितम्ब के नीचे से निकाल कर पूर्वस्थिति में आ जाइये ।

7. Remove the fists from under the buttocks and return to the original starting position.

### ध्यान रहे कि:-

१. यह एक सन्तुलनात्मक आसन है ।

२. अधिकतम भार मुट्ठियों पर आता है अतः ध्यान रखें कि बन्द मुट्ठी की अंगुलियां जमीन पर रहेंगी ।

### Remember:-

1. This is a balance posture.
2. The maximum weight of your body will remain on the fists. Therefore, remember that the fingers of the fists should remain on the ground below your buttocks.

### लाभ एवं सीमायें:-

१. इसके करने से भुजदण्ड का विकास होता है । उदर तथा पीठ की मांसपेशियां सुदृढ़ होती हैं ।

२. मधुमेह तथा बवासीर में यह लाभकारी है ।

३. इससे पाचन क्रिया ठीक होती है ।

४. जिन्हें मेरुदण्ड में अथवा गर्दन में दर्द की शिकायत हो अथवा पेट में अल्सर की शिकायत हो वे इसे न करें ।

### Benefits and Limitations:-

1. This Āsana increases the strength of the biceps, the abdominal muscles and the back muscles.
2. This posture is beneficial for diabetes and piles.
3. It also improves digestion.
4. People suffering from neck pain, stomach ulcers, and pain in the spine should not practice this Āsana.

# ३४. पर्वतासन

## 34. PARVATĀSANA

अपने शरीर का आकार इस आसन में पर्वत की तरह करते हैं अतः इसका नाम पर्वतासन है । यह परम्परा से आया हुआ आसन है । प्राचीन ग्रन्थों में इसका उल्लेख नहीं मिलता परन्तु परम्परा प्राचीन है ।

In Sanskrit Parvata means mountain. This pose is called Parvatāsana because it imitates the form of a mountain. This Āsana has been passed down through tradition. Although its reference is not found in any old Yogic texts its tradition is very old.

## विधिः-

## Technique:-

१. पद्मासन की स्थिति में बैठ जाइये ।

1. Sit in Padmāsana.

२. अब दोनों हाथ ऊपर आसमान की ओर ले जाकर हथेलियाँ आमने सामने रखिए ।

2. Slowly raise your arms in front of you up to shoulder level. Turn the palms to face one another. Continue raising your arms until your fingers are pointing straight [illegible].

३. एक पंजे से दूसरे हाथ का पंजा मिलाइये व हाथ ऊपर की ओर खींचिये जैसे आप अपने शरीर को ऊपर उठा रहे हों । इससे आपके पेट की मांसपेशियों पर खिंचाव आयेगा ।

3. Bringing the palms together, stretch your arms upwards as if you want to raise your body. This will result in a nice stretch of the abdominal muscles.

४. थोड़ी देर रुकने के पश्चात् हाथ ढीले छोड़िये व पुनः करिये ।

4. After maintaining this position for some time loosen the arms and bring them to the original starting position. Practice this posture again for the maximum benefit of stretching your upper body.

### ध्यान रहे कि:-

१. जो पद्मासन नहीं कर सकते हैं वे इसे खड़ें होकर पैर फैलाकर या वज्रासन में भी कर सकते हैं ।

२. सीधे बैठें, दृष्टि सामने रहेगी ।

### Remember:-

1. People who find it difficult to sit in Padmāsana can practice this Āsana while standing, with stretched legs or in Vajrāsana.
2. Sit straight and gaze in front.

### लाभ एवं सीमायें:-

१. यह मेरुदण्ड को लचीला बनाता है ।

२. आशय-भ्रंश तथा रीढ़ की हड्डी का दर्द दूर होता है ।

३. जिन लोगों को चक्कर आने की शिकायत हो वे इसे न करें ।

### Benefits and Limitations:-

1. This Asana increases the flexibility of the spine.
2. This posture helps reduce visceroptosis and back pain.
3. It also useful for constipation and removes seminal weakness.
4. Those having complaints of dizziness and reeling sensations should not practice this Āsana.

## ३५. शलभासन

## 35. ŚHALABHĀSANA

**अध्यास्य शेते करयुग्मवक्ष**
**आलम्ब्य भूमिं करयोस्तलाभ्याम् ।**
**पादौ च शून्ये च वितस्ति चोर्ध्वं**
**वदन्ति पीठं शलभं मुनीन्द्राः ।।** (घे. सं. २/३९)

adhyāsya śete karayugmavakṣa
ālambyabhūmiṃ karayostalābhyām /
pādau ca śūnye ca vitasti cordhvaṃ
vadanti pīṭhaṃ śalabhaṃ munīndrāḥ //39// (G. S. 2/39)

जमीन पर पेट के बल लेट जाइये, हाथ छाती के बगल में हथेलियां जमीन पर (भुजंगासन की तरह) रख लीजिये, दोनों पैरों को आकाश की ओर ९ इंच तक ऊपर उठाइये, पहुँचे हुए योगियों द्वारा इसे शलभासन कहा गया है ।

Lie prone pressing the ground with the palms placed on either side of the chest and raise the legs together nine inches high in the air. This is called Shalabhāsana by eminent sages.

**विधिः-**

**Technique:-**

१. जमीन पर पेट के बल लेट जाये, दोनों पैर मिले रहेंगे, पैर की अंगुलियां पीछे तलुवे आकाश की ओर, हाथ बगल से सटे हुए, हथेलिया उपर की ओर अंगुलियां मिली हुई, माथा जमीन से लगा रहेगा ।

1. Take the prone position lying with legs and feet together and toes pointing outward. Hands should be by the sides of the body, fingers together, palms facing upward with the forehead resting on the ground.

२. धीरे से दोनों हाथ कुहनियों से मोड़ कर कंधों के नीचे ले आइये (भुजंगासन की तरह) अंगुलियां मिली हुई सामने की ओर फैली रहेंगी ।

2. Bending the arms, place both hands on the ground near each side of the shoulder. The thumbs should be below the armpit near the chest and the elbows should be close to the body. Fingers should be together pointing forward. This step is similar to that of Bhujangasana.

३. अब दोनों पैर मिले हुए जमीन से ऊपर बिना घुटने से मोड़े आकाश की ओर उठाइये और ठोड़ी भी उठाइये, थोड़ी देर रुकिये ।

3. Slowly raise the legs without bending the knees and also raise the chin. Maintain this position for some time.

४. बाद में धीरे से पैर नीचे लाइये ।

4. Gently bring the legs back down to the ground.

५. हाथों को अपनी जगह वापस लाते हुए पूर्वस्थिति में आ जाइये ।

5. Come back to the original starting position by bringing the hands back to the sides of the body.

**शलभासन** (दूसरी विधि)

परम्परा से हम जो शलभासन करते हैं, उसमें अन्तर केवल हाथों की स्थिति का है, इस विधि में हाथ सीधे जंघाओं से लगे, मुट्ठियां बन्द और अंगुलियां आकाश की ओर रख कर पैर उठाते हैं, शेष सारी विधि समान हैं ।

**Śalabhāsana** (Modified Version)

The only difference between the traditional and modified variation of Śalabhāsana is the position of the hands. In the modified variation the legs are supported by closing the fists and placing them under the groin or under the thighs.

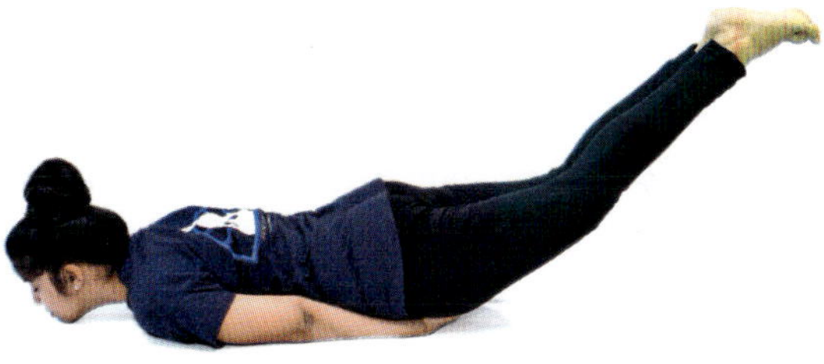

**टिप्पणीः-** 'शलभ' इस संस्कृत शब्द का अर्थ होता है 'टिड्डी' । इस आसन की अन्तिम स्थिति में शरीर की आकृति टिड्डी जैसी हो जाती है, अतः इसे 'शलभासन' कहा गया है ।

**Note:-** In Sanskrit 'Śalabha' means locust. This pose is called Śalabhāsana because the body resembles a locust.

### ध्यान रहे किः-

१. प्रारम्भ में हाथ (दूसरी विधि में) सीधे जंघाओं के नीचे भी रख सकते हैं, इससे पैर उठाने में थोड़ी आसानी होती है ।

२. पैर घुटनों से मुड़ेंगे नहीं ।

३. वापस आते समय धीरे-धीरे पांव जमीन से लगायें ।

### Remember:-

1. Beginners should practice the modified variation of this Āsana in which they can place their hands directly under the thighs allowing them to raise their legs easily.
2. Do not bend the legs while practicing this posture.
3. While coming back to the original starting position bring the legs on the ground very slowly.

### लाभ एवं सीमायें:-

१. यह पेट की मांसपेशियों को सुदृढ़ बनाता है ।

२. यह पचन में लाभकारी है तथा कब्जीयत दूर करता है ।

३. यह फेफड़ों के लिए शक्तिदायक है ।

४. जिन्हें उच्च-रक्तचाप, हृदयविकार अथवा दमे की शिकायत हो वे इसे न करें ।

### Benefits and Limitations:-

1. This posture strengthens the muscles of the lower abdomen.
2. It helps remove constipation and aids digestion.
3. It also gives strength to the lungs.
4. Those suffering from high blood pressure, heart disease and asthma should not practice this Āsana.

## ३६. मकरासन-१

## 36. MAKARĀSANA-1

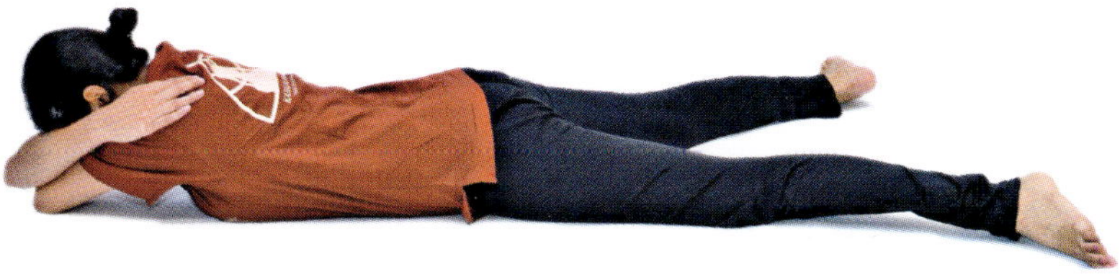

**अध्यास्य शेते हृदयं निधाय भूमौ च पादौ प्रविसार्यमाणौ।**
**शिरश्च धृत्वा करदण्डयुग्मे देहाग्निकारं मकरासनं तत्।।** (घे. सं. २/४०)

adhyāsya śete hṛdayaṃ nidhāya bhūmau ca pādau pravisāryamāṇau /
śiraśca dhṛtva karadaṇḍayugme dehāgnikāraṃ makarāsanaṃ tat //40// (G. S. 2/40)

पेट के बल लेट जाइये, छाती जमीन को छूती हो तथा दोनों पैर फैले हों सर को अपनी भुजाओं में रखिये । यह मकरासन है इससे देहाग्नि प्रदीप्त होती है ।

Lie prone, the chest should touch the ground and both the legs stretched out. Hold the head with both the arms. This is Makarāsana that increases the heat of the body.

## विधिः-

## Technique:-

१. पेट के बल लेट जाइये, हाथ जंघाओं के बगल में हों हथेलिया आकाश की तरफ । माथा जमीन पर रखें ।

1. Take the prone position lying with legs and feet together and toes pointing outward. Hands should be by the sides of the body, fingers together, palms facing upward with the forehead resting on the ground.

२. धीरे से दोनों पैर फैला लीजिये, पैरों के पंजे बाहर की ओर और एड़ियाँ अन्दर की ओर रहें ।

2. Slowly spread the legs apart. The toes should face outward and the heels should face inward.

३. धीरे से बायां हाथ कोहनी से मोड़ते हुए दाहिने हाथ के बगल के नीचे से निकालकर हथेली कंधे पर लगा दें तथा दाहिना हाथ कोहनी से मोड़ते हुए बायें कंधे के ऊपर ले आइये ।

3. Bending the left arm, bring it underneath the right armpit and place it on the right shoulder. Bending the right arm, place it on the left shoulder so that the right arm is placed directly above the left. The elbows should also sit on top of one another.

४. दोनों कोहनियों के त्रिकोण में अपने सिर को टिका लीजिये ।

4. Place your head in the triangular gap created by the arms.

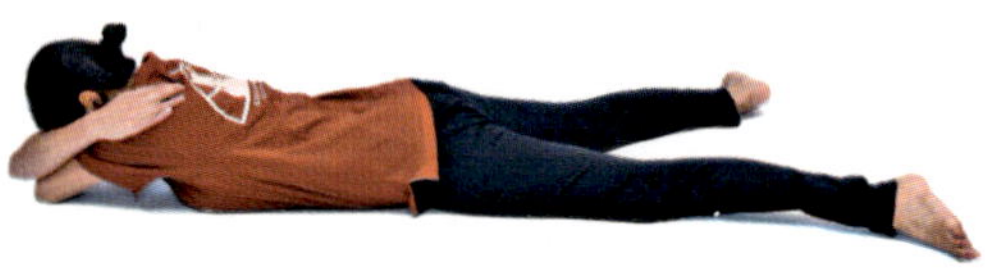

**टिप्पणी:-** 'मकर' का अर्थ होता है 'मगर' । इसके करने में शरीर का आकार मगर की तरह बनता है अतः इसे मकरासन कहते हैं । यह आसन शवासन के समान आरामदायक आसन भी माना जाता है ।

**Note:-** In Sanskrit 'Makar' means crocodile. The pose is called Makarasana because it resembles the shape of a crocodile. Similar to Savasana, this is considered a relaxing Āsana.

**ध्यान रहे कि:-**

१. आप किसी भी हाथ को पहले कंधे पर ला सकते हैं ।
२. यदि कोहनी के ऊपर दूसरी कोहनी लाने में अड़चन हो तो दोनों कोहनी एक दूसरे से थोड़ा हटा कर भी रख सकते हैं ।
३. माथा कोहनियों के अन्दर रहेगा ।
४. यदि माथा रखने में अड़चन हो तो ठोड़ी कोहनियों के बीच में रखें ।

**Remember:-**

1. You can practice this Āsana placing the right hand on the left shoulder first.
2. If you are finding it difficult to place one elbow above the other then place the elbows slightly apart.
3. The head should be placed in the triangular gap created by the arms.
4. If it is difficult to place the head in the triangular gap created by the arms then rest the chin on the overlapping arm.

**लाभ एवं सीमायें:-**

१. यह दमें की बीमारी में लाभकारी है ।
२. जिन्हें (दमा के कारण) गलत प्रकार से श्वास लेने की आदत पड़ जाती है, उनके लिए यह विशेष उपयोगी है ।
३. इससे औदरिक पेशियों की स्वतः मालिश होती है ।
४. जिन्हें दिल की बीमारी, मोटापा तथा पेट में वायुविकार अथवा उच्च रक्तचाप हो वे इसे न करें ।

**Benefits and Limitations:-**

1. This Āsana is beneficial for asthma.
2. This Āsana is also useful for those people who may have developed incorrect breathing problems due to asthma.
3. This posture stretches the abdominal muscles.
4. People suffering from heart problems, obesity, gastric disorders and high blood pressure should not practice this Āsana.

## मकरासन-२*

## MAKARĀSANA-2*

## विधि:-

## Technique:-

१. जमीन पर सीधे शवासन की भांति लेट जाईये । ध्यान रहे दोनों पैर मिले रहें, हाथ बगल में, हथेलियाँ जमीन पर ।

1. Take the supine position with the legs together and hands by the side of the body. Palms should be resting on the ground facing downward.

२. दोनों हाथ कंधों की सीधे में फैला लीजिये, हथेलियाँ जमीन पर अङ्गुलीयाँ परस्पर मिली हुई सीधी रखें ।

2. Spread apart the arms so that they are in line with the shoulders. Palms will continue to rest on the ground with the fingers together.

३. दाहिने पैर की एड़ी बाँये पैर के अँगुठे और अंगुली के बीच रखें ।

3. Place the right heel in between the gap of the big toe and second toe of the left foot.

४. पैरों को बाँये तरफ ले जाईये जब तक दाहिने पैर का अंगूठा बांयी तरफ भूमि का स्पर्श न करे ।

4. Twist the legs and feet to the left side until the right toes touch the ground.

५. अपनी गर्दन व सिर दांयी और घुमाईये यह आसन की पूर्ण अवस्था है । इसमें आप ३० सेकेन्ड से १ मिनट तक आराम से रह सकते हैं ।

5. Now, twist your head towards the right. Maintain this posture for 30 to 60 seconds.

६. यहीं प्रक्रिया दूसरी ओर से करें - इसमें बांयी एड़ी ऊपर रहेगी गर्दन व सिर बांयी और घूमेगा व पैर दायी ओर जायेंगे ।

6. Repeat the posture with the opposite side of the body (i.e. twisting the legs to the right and head to the left).

**ध्यान रहे कि:-**

१. यदि आपको अपनी रीड़ हड्डी में कड़ापन है तो सावधानी पूर्वक करें ।

२. यह ध्यान रहे कि कमर के ऊपर का भाग भी यदि मुड़ता है तो मुड़ने देना चाहिये ।

३. यदि किसी को रीढ़ में क्षय या कर्करोग है तो यह आसन न करें ।

**Remember:-**

1. Practice this posture with care if you have a stiff back.
2. If, while twisting the legs, you feel the urge to twist the back then adjust to the natural rhythms of your body.
3. People suffering from cancer or tuberculosis of the back should not practice this $\overline{\text{A}}$sana.

**लाभ एवं सीमायें:-**

१. यह कमर के स्पोन्डेलाइटिस के लिये अत्यन्त लाभकारी है ।

२. यह आसन रीढ़ की हड्डी का लचीलापन बनाये रखनें में मदद करता है तथा उससे लगी हुई नाड़ीयों का भी व्यायाम होता है ।

३. यह साइटिका दर्द में भी अत्यन्त लाभकारी है ।

**Benefits and Limitations:-**

1. It is very useful for spondylosis of the lumbar region.
2. This posture increases the flexibility of the back and exercises the nerves attached to the spine.
3. It is also beneficial for people who suffer from sciatica.

## ३७. मत्स्यासन

## 37. MATSYĀSANA

**मुक्तपद्मासनं कृत्वा उत्तानशयनं चरेत् ।**
**कूर्पराभ्यां शिरो वेष्ट्यं रोगघ्नं मात्स्यमासनम् ।।** (घे. सं. २/२१)

muktapadmāsanaṃ kṛtvā uttānaśayanaṃ caret /
kūrparābhyām śiro veṣṭyaṃ rogaghnaṃ mātsyamāsanam //21// G. S. 2/21)

मुक्त पद्मासन लगाइये (बद्ध नहीं) । पीठ के बल लेट जाइये, अपने सिर को दोनों कुहनियों के मध्य में ले आइये, रोगों का नाश करने वाला यह मत्स्यासन कहलाता है ।

Assuming the Mukta Padmāsana (i.e. without the crossing of the hands), lie supine, surrounding the head by two elbows. This is Matsyāsana, the destroyer of diseases.

## विधिः-

## Technique:-

१. पद्मासन में बैठ जाइये ।

1. Sit in Padmāsana.

२. पीठ के बल लेटने के लिये धीरे से कुहनियों का सहारा लीजिये ।

2. Taking the support of the elbows lean back.

३. अब पूर्णतः पीठ के बल लेट जाइये ।

3. Straightening your arms alongside your body, lie completely on your back.

४. दोनों कुहनियों या हथेलियों का सहारा लेकर सिर को पीछे मोड़कर सिर के मध्य का भाग जमीन पर रख लें ।

4. Use the support of either the elbows or palms to cautiously lift the head, bend it backwards and place the top of the head on the ground.

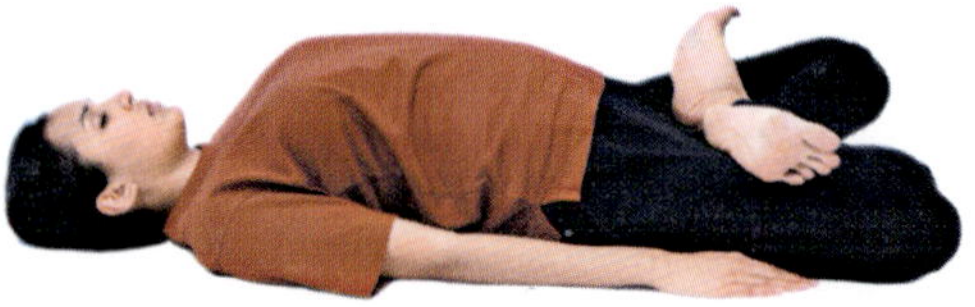

५. दोनों हाथों की तर्जनी से पैरों के अंगूठे पकड़िये तथा कुहनियाँ जमीन से लगाइये ।

5. Taking the index fingers, grab hold of the big toes and place the elbows on the ground. At this point, the back will form an arch.

६. वापस आते समय पहले पैर के अंगूठे छोड़िये, हाथों का सहारा लेकर सिर को सीधी स्थिति में ले आइये ।

6. While coming out of the posture first let go of the toes. Taking the help of the arms to support the upper body gently, straighten the head and place it on the ground.

७. कुहनी का सहारा लेकर पद्मासन में बैठ जाइये ।

7. Finally, use the support of the elbows to sit in Padmāsana.

**टिप्पणी:-** परम्परा से आये हुए मत्स्यासन में हम हाथों से दोनों पैरों के अंगूठे पकड़ते हैं तथा कुहनियाँ जमीन से लग जाती हैं ।

**Note:-** In the traditional variation of Matysasana the practitioner holds the big toes with the hands and places the elbows on the ground.

## ध्यान रहे कि:-

१. यह आसन सर्वांगासन के बाद करते हैं अतः जितने समय तक सर्वांगासन करें उसका एक तिहाई यह आसन करें ।

२. गर्दन झटका देकर न मोड़ें ।

३. गर्दन पीछे ले जाते समय रीढ़ की हड्डी अधिकतम कमान की तरह हो जावेगी ।

४. लौटते समय या तो आप बैठ कर पांवों को छोड़िये या लेटे हुए भी निकालिये ।

### Remember:-

1. This Āsana should be practiced after Sarvangāsana. It is beneficial to practice it for one third of the time taken to practice Sarvangāsana.
2. Avoid jerky movements while bending the neck backwards.
3. While bending the neck backward the spine will be fully arched.
4. While returning to the original starting position you can release the position of your legs while lying on your back or after sitting back up.

## लाभ एवं सीमायें:-

१. सर्वांगासन के पूरक के रूप में सर्वांगासन के तुरन्त बाद इस आसन का अभ्यास किया जाना चाहिये । ऐसा करने से सर्वांगासन द्वारा होने वाले लाभ और अधिक अंश में प्राप्त होते हैं ।

### Benefits and Limitations:-

1. This Āsana is taken as a complementary posture to Sarvāṅgāsana. To enhance the benefits achieved through Sarvāṅgāsana, this Āsana should be practiced immediately after it.

# ३८. वृक्षासन

## 38. VṚKṢĀSANA

**वामोरुमूलदेशे च याम्यं पादं निधाय वै ।**
**तिष्ठत्तु वृक्षवद्भूमौ वृक्षासनमिदं विदुः ।।** (घे. सं.२/३६)

vāmorumūladeśe ca yāmyaṃ pādaṃ nidhāya vai /
tiṣṭhettu vṛkṣavadbhūmau vṛkṣāsasanamidaṃ viduḥ //36// (G. S. 2/36)

दाहिने पैर को बायीं जंघा के मूल में स्थापित कर पृथ्वी पर पेड़ के समान खड़े होने को वृक्षासन कहा जाता है ।

Placing the right foot on the root of the left thigh, stand like a tree on the ground. This is called Vṛkṣāsana.

## विधि:-

## Technique:-

१. दोनों पैर मिलाकर सीधे खड़े हो जाइये, हाथ जंघाओं से सटे रहेंगे । दृष्टि सामने की ओर ।

1. Stand tall with your legs together, hands by the sides of the thighs. Gaze in front.

२. अपना एक पैर (दाहिना) घुटने से मोड़िये तथा तलवे को बायीं जघांमूल से लगायें । ध्यान रहे कि ऐड़ी जंघामूल से लगी रहेगी ।

2. Bending the right leg, use the support of your hands to place the sole of the foot against the left thigh. Try to bring the heel of the foot near the groin.

दोनों हाथों को नमस्कार मुद्रा में ले आइये ।

Bring both hands in Namaskara Mudrā.

४. थोड़ी देर रुकने के पश्चात् हाथ सीधा कीजिये व दोनों पैरों पर खड़े हो जाइये ।

4. After maintaining the posture for some time, release your hands and stand on both feet.

५. अब इसी प्रकार दूसरे पांव से अभ्यास करें ।
यह वृक्षासन का एक क्रम हुआ ।

5. Similarly, practice it from the other side (i.e. the left leg). This completes one round of Vṛkṣāsana.

**ध्यान रहे कि:-**

१. पूर्णतः सीधे खड़े हों ।

२. मुड़े हुए घुटने अपनी अपनी दिशा की ओर संकेत करें ।

३. यह एक सन्तुलनात्मक आसन है । यदि संन्तुलन खोने की संभावना लगे तो वापस आ जाइये और पुनः अभ्यास कीजिये ।

**Remember:-**

1. Stand erect.
2. When bending the legs try to make sure that the knee of the respective leg you're bending is pointing to the side.
3. This is a balance pose. If you feel as though you're losing your balance then come back and practice the posture again.

**लाभ एवं सीमायें:-**

१. यह शरीरिक एवं मानसिक सहकार्य को बढ़ाता है ।

२. जंघा एवं पिण्डली की मांसपेशियां मजबूत होती हैं ।

३. जिन्हें चक्कर आने की शिकायत हो वे इसे न करें ।

**Benefits and Limitations:-**

1. This improves the coordination of the body and mind.
2. This posture also strengthens the thigh and calf muscles.
3. Those having complaints of dizziness and reeling sensations should not practice this Āsana.

## ३९. चक्रासन - १

## 39. CHAKRĀSANA - 1

यह परम्परा से आया हुआ आसन है । चक्र का अर्थ होता है चाक । इस आसन में शरीर को चक्र अथवा अर्धचक्र की स्थिति देते हैं अतः इसे चक्रासन कहते हैं । प्रथम इस आसन को स्वामी कुवल्यानन्दजी ने बताया ।

This Āsana has been passed down through tradition. Chakra means wheel in Sanskrit. This posture is called Chakrāsana because the body imitates the shape of a wheel or half of a wheel. The following technique of Chakrāsana was first described by Swāmi Kuvalayānandaji.

## विधिः-

## Technique:-

१. दोनों पैर मिलाकर खड़े हो जाइये । हाथ जंघाओं से सटे रहेंगे, दृष्टि सामने की ओर रहेगी ।

1. Stand erect, legs together, and hands by the sides of the thighs.

२. धीरे धीरे अपना एक हाथ (दायाँ) बगल से कंधे के समानान्तर लाइये । हाथ सीधे तने रहेंगे । हथेली जमीन की ओर रहेगी ।

2. Slowly raise your arm (i.e. right) by your side up to shoulder level. The palm should be facing downward.

३. इसी अवस्था में हथेली को आकाश की ओर कर लें ।

3. Turn the hand so that the palm faces the sky.

४. अब हाथ ऊपर की ओर उठाना शुरू कीजिये और बांह को कान से लग जाने दीजिये । अंगुलियां आसमान की ओर उठी रहेगी ।

4. Continue to raise the arm until it touches the side of the ear. The fingers will point towards the sky.

५. अब बायीं ओर झुकना प्रारम्भ करें । बायीं ओर का भाग ढीला छोड़ दें । बायां हाथ जंघा से लगा हुआ नीचे सरकता जायेगा ।

5. Relaxing the left part of your body, bend laterally towards the left side. Meanwhile, the left arm will automatically move down the left leg.

६. थोड़ी देर रुकने के बाद धीरे धीरे हाथ वापस ले आइये और सीधे खड़ हो जाइये ।

6. After maintaining the posture for some time, slowly return your arm to the original starting position and stand tall.

७. इसी प्रकार दूसरी ओर से कीजिये । यह चक्रासन का एक क्रम हुआ ।

7. Similarly practise it from other side. This forms one complete round of Chakrāsana.

**ध्यान रहे कि:-**

१. झुकते समय न आगे झुकें न पीछे, केवल कमर से ऊपर का भाग बायीं या दाहिनी ओर झुकेगा ।

२. हाथ पूर्णतः ऊपर सीधा होने के पहले झुकना शुरू न करें ।

३. आसन करते समय दृष्टि सामने रहे । इधर उधर न देखें ।

**Remember:-**

1. Avoid bending the body forward or backward during this posture. Only the upper part of the waist will bend laterally towards either the left or right side.
2. Do not start bending laterally until the arm touches the ear.
3. While practicing this posture gaze in front.

**लाभ एवं सीमायें:-**

१. इससे मेरुदण्ड का कड़ापन कम होता है तथा उससे संलग्न स्नायु बलशाली होते हैं ।

२. पार्श्व की मांसपेशियां बलशाली होती हैं ।

३. जिन्हें स्पोन्डिलायटिस की शिकायत है वे इसे संभल कर करें ।

**Benefits and Limitations:-**

1. This posture minimizes stiffness of the spine and makes the nerves attached to the spine strong.
2. It also strengthens the side abdominal muscles.
3. Those suffering from spondylosis should not practice this Āsana.

# चक्रासन - २

## CHAKRĀSANA - 2

परम्परा से आयी चक्रासन की विधि निम्न प्रकार से है ।

This is an additional variation of Chakrāsana. It has been passed down through tradition.

## विधिः-

## Technique:-

१. दोनों पैर मिलाकर खड़े हो जाइये । हाथ जंघाओं से सटे रहेंगे । दृष्टि सामने की ओर रहेगी ।

1. Stand erect, legs together, and hands by the sides of the thighs.

२. अब दोनों हाथ सीधे सामने से ऊपर उठाते हुए आकाश की ओर ले जाइये । हथेलियां सामने की ओर रहेंगी । पैरों में ६" का अन्तर रहेगा ।

2. Slowly raise your arms in front of you up to the sky. Palms should face away from the body.

३. शरीर का पूरा भार अपने टखनों तथा जंघाओं पर रखते हुए पीछे झुकते जाइये, जबतक कि आपके हाथ जमीन का स्पर्श न कर लें । पेट आकाश की ओर रहेगा और शरीर कमान की तरह हो जायेगा ।

3. Keeping the weight of the body on the legs and ankles, slowly and steadily arch backward until the hands touch the ground. The body should take the form of a bow with the abdomen pointing towards the sky.

४. थोड़े समय पश्चात् धीरे से वापस आ जाइये ।

4. After maintaining the position for some time gently return to the original starting position in reverse order.

### ध्यान रहे कि:-

१. पीछे झुकते समय टखनों और जांघों पर अपना सन्तुलन बनाये रखिये, ताकि एकाएक पीछे की ओर गिर न पड़ें ।

२. वापस आते समय भी धीरे धीरे वापस आइये ।

३. यह आसन पीठ पर लेट कर, दोनो हाथों को पीछे लगाकर शरीर को कमान की करह उठाकर भी कर सकते है ।

### Remember:-

1. While arching backwards balance yourself on your ankles and legs so that you do not lose control of your body.
2. Cautiously and slowly return back to the original starting position.
3. This Āsana can also be practiced by lying on the back. In doing so, the practitioner will lift the arms up and place the hands beneath the shoulders, with the fingers pointing to the shoulders. Then he/she can lift the buttocks, hips, and back off the ground.

### लाभ एवं सीमायें:-

१. इसके करने से उदर की मांसपेशियां सुदृढ़ होती हैं तथा पाचन क्रिया सुचारु रूप से होने लगती है ।

२. भुजदण्ड और पिण्डली सुदृढ़ बनती है ।

३. कमर का दर्द (वायु विकार जन्य) ठीक होता है तथा मेरुदण्ड लचीला बनता है ।

४. जिन्हें उच्चरक्त चाप, स्पोन्डिलायटिस अथवा किसी अन्य कारण से पीछे झुकना मना हो वे इसे न करें ।

### Benefits and Limitations:-

1. This posture strengthens the abdominal muscles and helps to regulate the digestive system.
2. It also strengthens the biceps and calf muscles.
3. This Āsana removes pain from the waist, due to Vayu, and increases the flexibility of the spine.
4. Those suffering from high blood pressure, spondylosis or back pain should not practice this posture.

## ४०. विपरीतकरणी (शीर्षासन)

## 40. VIPARĪTAKARAṆI (ŚIRSĀSANA)

**ऊर्ध्वनाभेरधस्तालोरूर्ध्वं भानुरधः शशी ।**
**करणी विपरीताख्या गुरुवाक्येन लभ्यते ।।**

**अधः शिराश्चोर्ध्वपादः क्षणं स्यात् प्रथमे दिने ।**
**क्षणाच्च किञ्चिदधिकमभ्यसेच्च दिने दिने ।।** (ह. प्र. ३/७८, ८०)

ūrdhvanābhiradhastālurūrdhvaṃ bhānuradhaḥ śaśī /
karaṇī viparītākhyā guruvākyena labhyate //78//
adhaḥ śirāścordhvapādaḥ kṣaṇaṃ syat prathame dine /
kṣaṇācca kiñcidadhikamabhyasecca dine dine //80// (H. P. 3/78, 80)

नाभि को ऊपर और तालु को नीचे करने से सूर्यमण्डल का मुख ऊपर तथा चन्द्रमण्डल का मुख नीचे की ओर हो जाता है, इसे विपरीतकरणी कहते हैं, जिसे गुरु से ही सीखना चाहिये । प्रथम दिन एक क्षण तक नीचे की ओर सिर तथा ऊपर की ओर पांव करके रहना चाहिये, पश्चात् प्रतिदिन क्षण से कुछ अधिक समय तक अभ्यास बढ़ाना चाहिए ।

The practice in which the navel is above and the palate below, the sun above and the moon below is known as Viparītakarṇī (Topsy turvy pose). It can be learnt from the words uttered by a Guru.

## विधिः-

## Technique:-

१. पंजों के बल पर बैठ जाइये । घुटने जमीन पर लगा दीजिये ।

1. Sit on the heels with the feet slightly raised and toes pointing towards the body.

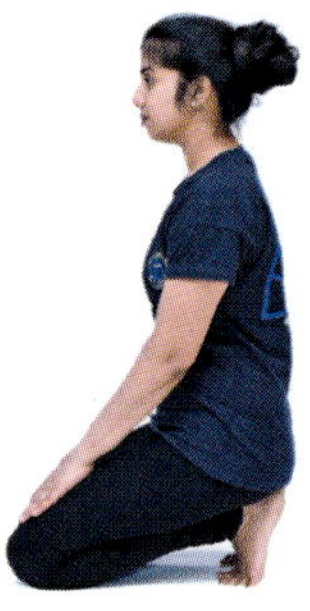

२. दोनों हाथों की अंगुलियां एक दूसरे में फंसा लीजिये ।

2. Interlace the fingers forming a finger-lock.

३. दोनों कोहनियों तथा फंसे हुए पंजों से एक त्रिकोण सा बनाते हुए उसे जमीन पर रखिये ।

3. Maintaining the position of the interlocked hands, place the forearms and elbows on the ground and make the shape of a triangle with both arms.

४. आगे झुक कर अपने सिर का मध्य भाग पंजों के पास जमीन पर लगाइये ।

4. Bend forward and place the head in between the interlocked fingers. Part of the head will be resting on the ground.

५. अब पैरों को सीधा कर लीजिये ।

5. Straighten the legs while continuing to point the toes towards the body.

६. धीरे धीरे दोनों पांवों को शरीर के करीब लाइये ।

6. With caution, bring the legs closer and closer towards the body.

७. अभ्यास से पंजे जमीन से उठ जायेंगे तथा जंघा और घुटने पेट से लग जायेंगे ।

7. Slowly lift the legs and feet off the ground so that the soles of the feet are pointing towards the sky. The legs will remain bent at the knees.

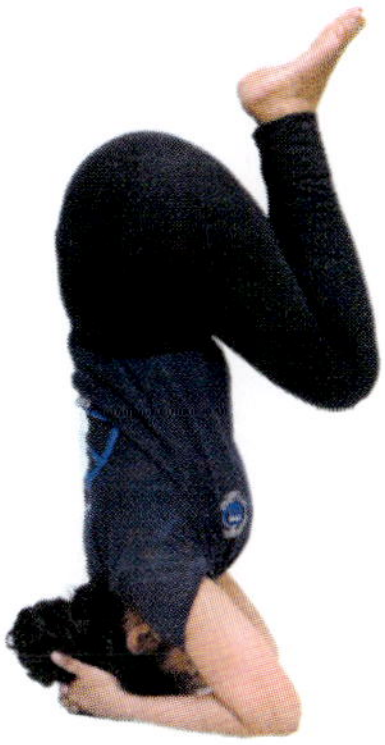

८. अब सन्तुलन बनाये रखते हुए जंघासन्धि से पांव सीधा करें, घुटने मुड़े रहेंगे ।

8. Keeping your balance, gently straighten the region of your thighs so that your knees point towards the sky and your soles are facing the ground.

९. अब घुटने भी सीधा कर ले और पूर्णतः सिर के बल खड़े हो जायें ।

9. Now, straighten the knees and balance the weight of the body on the head. The soles of the feet and the toes will be facing skyward.

१०. अब धीरे धीरे पाव जमीन पर रख दीजिये और आहिस्ते से सिर उठाकर बैठ जाइये ।

10. Return to the original starting position in reverse order.

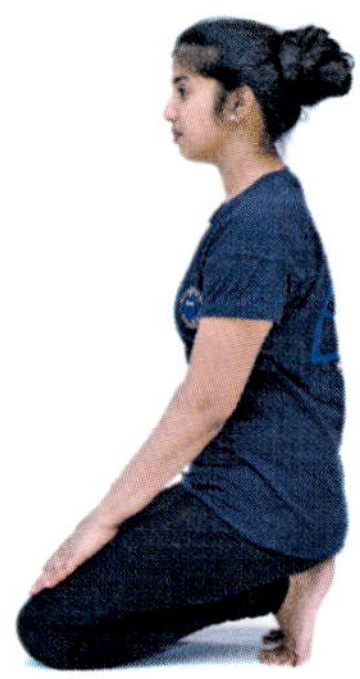

**टिप्पणी:-** शीर्षासन नाम से कोई आसन प्राचीन योगग्रन्थों में प्राप्त नहीं है, किन्तु विपरीतकरणी के नाम से उपलब्ध उपर्युक्त श्लोक से शीर्षासन का ही बोध होता है ।

**Note:-** The name 'Śirṣāsana' is not found in old yogic texts. However, the verse on Viparītakaraṇī suggests that this variation of Viparītakaraṇī is referred to as Śirṣāsana.

### ध्यान रहे कि:-

१. शीर्षासन करते समय सिर का वह भाग जमीन पर रखें जहाँ से रीढ़ की हड्डी सीधी रह सके ।

२. झटके से पांव ऊपर न उठावें । धीरे-धीरे क्रमिक अभ्यास से यह स्वतः ऊपर उठता है ।

३. प्रारम्भ में शिक्षक के निर्देशन में ही करें, क्योंकि इसमें गिरने का भी भय रहता है ।

४. आसन के पश्चात् वापस आने पर सिर एकदम से ऊपर न उठायें । इससे कभी चक्कर आने का भय रहता है अतः सिर को पंजों के बीच में कुछ देर तक रखें रहें ।

### Remember:-

1. While practicing this posture keep the spine erect while placing your head on the ground.
2. Avoid jerky movements while raising the legs. Slow and gradual practice of this Āsana will allow you to raise your legs further each day.
3. Beginners should practice this posture under the guidance of a teacher to avoid any injuries.
4. While coming out of this posture do not lift your head immediately after bringing your legs back to the ground. Coming out of this Āsana too quickly may result in dizziness. Thus, keep your fingers interlocked for some time and then slowly raise your head.

### लाभ एवं सीमायें:-

१. इससे मस्तिष्क में रक्तसंचार बढ़ता है तथा स्मरण-शक्ति का विकास होता है ।

२. यह पूरे शरीर के स्नायुकेन्द्रों को दृढ़ बनाता है तथा इन्डोक्राइन ग्रन्थि भी स्वस्थ रहती हैं ।

३. इससे पाचनतंत्र को लाभ मिलता है ।

४. स्वामी कुवलयानंदजी के अनुसार गले में खराश, यकृत व तिल्ली के रोगों में तथा विसरोप्टोसिस में यह अत्यन्त लाभकारी है ।

५. जिन्हें उच्चरक्तचाप, कान बहना तथा हृदय रोग की शिकायत हो, वे इसे न करें ।

६. जिन्हें खांसी हो अथवा बिगड़ा जुकाम हो, वे भी इसे न करें ।

७. जिन्हें बद्धकोष्ठता रहती हो, वे भी सावधानीपूर्वक करें ।

### Benefits and Limitations:-

1. This posture increases the circulation of blood throughout the head and also improves the memory.
2. It strengthens the nerve centers of the whole body and improves the health of the endocrine glands.
3. The digestive system is also benefited through regular practice of this Āsana.
4. According to Swāmi Kūvalayānandaji it is beneficial for those suffering from a congested throat, diseases of the liver and spleen as well as visceroptosis.
5. Those suffering from high blood pressure, ear discharge and heart disease should not practice this posture.
6. People who have a chronic cold or heavy cough should not practice this Āsana.
7. Those suffering from constipation should practice this posture carefully.

## ४१. शवासन

## 41. SHAVĀŚANA

**उत्तानं शववद्भूमौ शयनं तत्छवासनम् ।**
**शवासनं श्रान्तिहरं चित्तविश्रान्तिकारकम् ।।** (ह. प्र. १/३२)

uttānaṃ śavavadbhūmau śayanaṃ tacchavāsanam /
śavāsanaṃ śrāntiharaṃ cittaviśrāntikārakam // 32 // (H. P. 1/32)

भूमिपर शव के समान लेट जाना शवासन है । शवासन थकान को मिटाता है और मानसिक शान्ति प्रदान करता है ।

Lying supine on the ground like a corpse is Śavāsana. Śavāsana wards off fatigue and brings mental repose.

यह आसन विश्रान्तिकारक आसन माना जाता है । अन्य आसनों के अभ्यास से हुए थकावट को दूर करने में इसका बहुत उपयोग है ।

This Āsana is supposed to be a relaxative Āsana. This is very useful in removing fatigue created by the practice of other Āsanas.

## विधि:-

## Technique:-

१. पीठ के बल सीधे आराम से लेट जाइये । ऐड़ी पंजे मिले रहेगे हाथ बगल में हथेलिया जमीन पर ।

1. Take the supine position with the legs together and hands by the side of the body. Palms should be resting on the ground facing downward.

२. दोनों पावों में लगभग डेढ़फीट का अन्तर लाइये ।

2. Separate the legs approximately one and a half feet apart.

३. हाथों को शरीर से छः इंच अलग हटा कर सीधे जमीन पर रखिये । हथेली आसमान की ओर रहेगी, अंगुलियां थोड़ी स्वाभाविक रूप में मुड़ी रहेंगी, आँखें बन्द रहेंगी ।

3. Turning the palms upward, separate the arms approximately six inches from the body. The fingers will be slightly curled and the eyes should remain closed.

४. कुछ देर के बाद वापस आइये ।

4. After maintaining this posture for some time return to the original starting position.

**ध्यान रहे कि:-**

१. आपके शरीर के किसी हिस्से में थोड़ा भी तनाव न हो, जहाँ तनाव अनुभव करते हों, उस भाग को थोड़ा हिलाकर उसे तनाव मुक्त कीजिये ।
२. पावों को एवं हाथों को एकदम ढीला छोड़ दीजिये ।
३. हथेलियों तथा अंगुलियों को भी ढीला छोड़िये ।
४. अपना ध्यान श्वास प्रश्वास पर केन्द्रित कीजिये । श्वास छोड़ते समय नथुनों पर गर्म स्पर्श तथा लेते समय ठंड़ा स्पर्श का अनुभव कर उस पर ध्यान लगाने का प्रयास करें ।
५. यदि आरम्भ में उपरोक्त अभ्यास सम्भव न हो तो श्वास लेते समय पेट थोड़ा ऊपर फुलावें तथा श्वास छोड़ते समय पेट को नीचे ले जायें तथा इसी गति पर ध्यान केन्द्रित करें ।

**Remember:-**

1. Do not maintain any tension in the body while performing this Āsana. Release the tension from the body by shaking that part of the body where tension is felt.
2. Relax the legs and arms completely.
3. Relax the hands and fingers as well.
4. Concentrate on the pattern of your breath. Feel the warmth of the air during exhalation and the coolness of your breath during inhalation.
5. As you inhale expand your abdomen outward and contract your abdomen inward while exhaling. Concentrate on this movement.

**लाभ एवं सीमायें:-**

१. यह आसन अन्य आसनों के अभ्यास के तुरन्त बाद किया जाता है जिससे थकावट दूर होती है ।
२. यह उच्च रक्तचाप तथा हृदय के रोगों में अत्यन्त लाभकारी है ।
३. यह आसन उन्माद तथा भय दुर्बलता में अत्यन्त लाभकारी है ।
४. जिन्हें डॉक्टर ने किसी कारणवश पीठ के बल सोने से मना किया हो, वे इसे न करें ।

**Benefits and Limitations:-**

1. Typically, this Āsana is performed directly after most other Āsanas because it helps to remove fatigue from the body.
2. This posture is beneficial for high blood pressure and cardiac disease.
3. It is also beneficial for people suffering from neurosis and fear complexes.
4. If your doctor has advised you against practicing Āsanas while lying on the back then do not practice this posture.

## ४२. उज्जायी प्राणायाम (सरल)

## 42. UJJĀYĪ PRĀṆĀYĀMA (EASY)

**मुखं संयम्य नाडीभ्यामाकृष्य पवनं शनैः ।**
**यथा लगति कण्ठात्तु हृदयावधि सस्वनम् ।।**

**पूर्ववत् कुम्भयेत् प्राणं रेचयेदिडया ततः ।।**
**श्लेष्मदोषहरं कण्ठे देहानलविवर्धनम् ।।** (ह. प्र. २/५१,५२)

mukhaṃ saṃyamya nāḍībhyāmākṛṣya pavanaṃ śanaiḥ /
yathā lagati kaṇṭhāttu hṛdayāvadhi sasvanam //51//

pūrvavat kumbhayet prāṇaṃ recayediḍayā tataḥ /
śleṣmadoṣaharaṃ kaṇṭhe dehānalavivardhanam //52//(H. P. 2/51, 52)

मुख को बन्द कर लें । श्वास दोनों नथुनों से धीरे धीरे कुछ आवाज के साथ खींचें, खींचते समय कंठ से लेकर हृदयप्रदेश तक वायु-स्पर्श का अनुभव होना चाहिये । फिर कुम्भक करें (वायु को अन्दर रोकें) और तदनन्तर वायु को बायें नथुने से निकाल दें । इससे कफदोष दूर होता है और जठराग्नि प्रदीप्त होती है ।

Closing the mouth, one should slowly draw in air through both the nostrils, producing a sound in such a way that its touch is felt from the throat to the chest. After performing Kumbhaka as before, air is exhaled through the left nostril. This removes throat diseases caused by phlegm and increases the gastric fire.

## विधि:-

## Technique:-

१. किसी भी सुविधाजनक स्थिति में सीधे बैठ जाइये, गर्दन भी सीधी रहे ।

1. Sit tall in any posture that you find comfortable. Ideally, one should sit in a meditative posture.

२. अपने सर को थोड़ा आगे झुकते हुए कंठ में थोड़ा संकुचन करें । श्वास को दोनों नाक से धीरे-धीरे इस प्रकार अन्दर जाते समय कंठ का स्पर्श करे और थोड़ी आवाज हो ।

2. Keeping the mouth closed, slowly inhale through both nostrils. While inhaling, try to feel the air touching the throat. Observe the sound of inhalation through the nostrils.

३. श्वास लेते समय पेट को फूलने न दें, छाती फूलने दें ।

3. During inhalation control the movement of the stomach. Inhale using the chest and keep the stomach steady.

४. श्वास अन्दर लेना पूर्ण हो जाने पर धीरे-धीरे श्वास बाहर निकाल दें । श्वास बाहर निकालते हुए छाती अन्दर की ओर जायेगी, पेट स्थिर अवस्था में रहेगा ।

4. After inhalation, exhale slowly partially closing the glottis. In doing so, a sound similar to a faint whistle will be produced. Allow the chest to return to its original starting position and keep the stomach steady.

**टिप्पणी:-** प्राचीन हठयोग ग्रन्थ में 'उज्जायी प्राणायाम' के सन्दर्भ में उपर्युक्त श्लोक मिलता है जिसमें कुम्भक सहित प्राणायाम की विधि बतायी गयी है । अभ्यासियों को सुविधा के लिये यहाँ कुम्भक रहित सरल उज्जायी प्राणायाम की विधि बतायी जा रही है ।

**Note:-** The verse on 'Ujjāyī Prāṇāyāma' that is cited here comes from an old Hatha Yoga text. In that verse the technique of Pranayama with Kumbhaka (retention) has been described. For the convenience of the beginner the technique of easy Ujjāyī Prāṇāyāma without Kumbhaka is being described here.

**ध्यान रहे कि:-**

१. उज्जायी करते समय वायु कण्ठ का स्पर्श करे ।

२. पेट को आगे न आने दें ।

३. कुछ दिन अभ्यास के पश्चात् अपनी सीमा पहचानते हुए जितनी देर तक श्वास अन्दर लें उससे दोगुणा समय में उसे बाहर निकालें ।

४. सरल उज्जायी प्राणायाम में दोनों नथुनों से श्वास प्रश्वास किया जा सकता है ।

**Remember:-**

1. While practicing Ujjāyī air should touch the throat.
2. Do not let the abdomen expand or contract.
3. After regular practice, change the ratio between inhalation and exhalation to 1:2, respectively. Continue to be aware of your limitations.
4. In this easy variation of Ujjāyī Prāṇāyāma inhalation and exhalation can be practiced through both the nostrils.

## ४३. अनुलोम - विलोम

## 43 ANULOMA - VILOMA

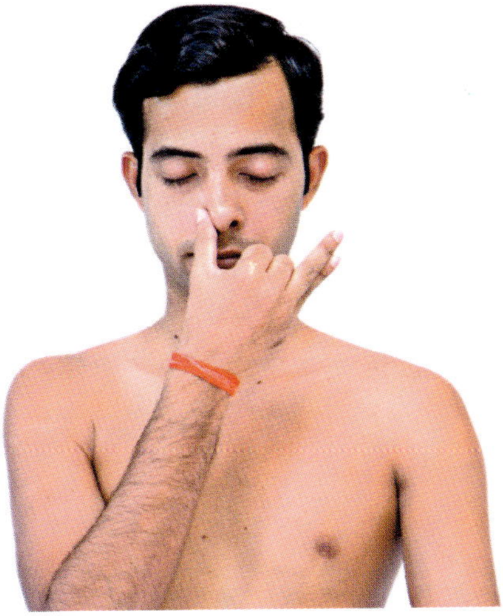

**बद्धपद्मासनो योगी प्राणं चन्द्रेण पूरयेत् ।**
**धारयित्वा यथाशक्ति भूयः सूर्येण रेचयेत् ।।**

**प्राणं सूर्येण चाकृष्य पूरयेदुदरं शनैः।**
**विधिवत् कुम्भकं कृत्वा पुनश्चन्द्रेण रेचयेत् ।।**

**येन त्यजेत्तेन पीत्वा धारयेदनिरोधतः ।**
**रेचयेच्च ततोऽन्येन शनैरेव न वेगतः ।।** (ह. प्र. २/७-९)

baddhapadmāsano yogī prāṇaṃ candreṇa pūrayet /
dhārayitvā yathāśakti bhūyaḥ sūryeṇa recayet //7//

prāṇaṃ sūryeṇa cākṛṣya pūrayeduaraṃ śanaiḥ /
vidhivat kumbhakaṃ kṛtvā punaścandreṇa recayet //8//

yena tyajettena pītvā dhārayedanirodhataḥ /
recayecca tato'nyena śanaireva na vegataḥ //9// (H. P. 2/7-9)

पद्मासन में आने के पश्चात् साधक चन्द्रनाड़ी (बायीं नाक) से वायु को अन्दर खींचे एवं यथाशक्ति रोकने (कुम्भक) के पश्चात् सूर्यनाड़ी (दाहिनी नाक) से श्वास को छोड़ दें । पुनः सूर्यनाड़ी से श्वास अन्दर लें तथा यथाशक्ति रोकने के पश्चात् बायीं नाक से श्वास निकाल दें ।

जिससे छोड़ा हो उसी से श्वास पुनः अन्दर लें और तब तक रोकें जब तक कि रोकने की संवेदना न हो तब दूसरे नाक से श्वास अत्यन्त सावधानीपूर्वक छोड़ें, जल्दबाजी न करें ।

Adopting the Padmāsana (pose) the yogi should draw in breath through the Chandra (left nostril) and having retained it to capacity, should exhale through the Sūrya (right nostril). Then he should again fill in the (thoracic) cavity by taking in breath through the Sūrya (right nostril) and exhale through the Candra (left nostril) after performing Kumbhaka in a systematic manner, inhaling through that nostril by which he had exhaled and having retained the breath so long as it can be done without suppressing the impulse to exhale, one should exhale by the other one slowly-never rapidly.

**विधि (सरल):-**

**Technique (easy):-**

१. पद्मासन लगा कर बैठ जाइये ।

1. Sit in Padmāsana.

२. अपनी तर्जनी तथा मध्यमा अंगुली को हथेली की ओर मोड़ें - अब अंगूठा दाहिने तथा अनामिका और कनिष्ठाका बाँये नथुने की ओर रहेगी ।

2. Fold the index and middle finger of the right hand. Now, place the thumb of the hand in front of the right nostril and the ring and little ('pinky') finger in front of the left nostril.

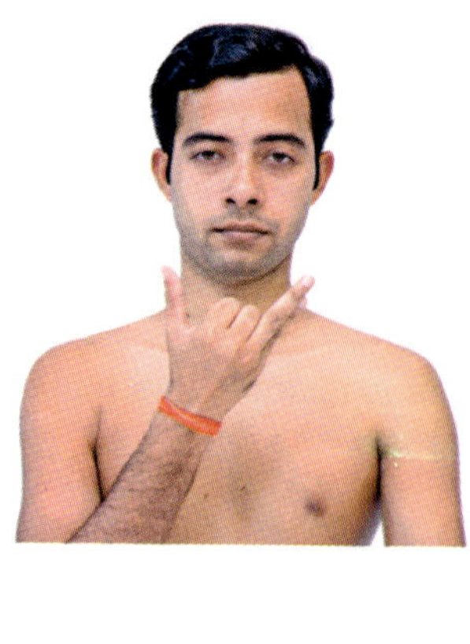

३. अंगूठे से दाहिने नथुने को बन्द रखते हुए बाँयें नथुने से श्वास अन्दर लें (दीर्घ) ।

3. Close the right nostril by placing the thumb of the right hand on the nose bone. Inhale deeply through the left nostril.

४. अब बायां नथुना अनामिका और कनिष्ठा से बन्द रखते हुए दाहिने नथुने से (अंगूठा ऊपर उठाते हुए) श्वास धीरे-धीरे (जितने समय तक श्वास अन्दर लिया हो उससे दोगुणे समय में अर्थात् १ :२ के अनुपात में) बाहर छोड़ दें ।

4. Closing the left nostril with the ring finger and little finger, remove the thumb from the right nostril and exhale deeply. The time for exhalation should be double that of inhalation (i.e. the ratio of inhalation to exhalation should be 1:2, respectively).

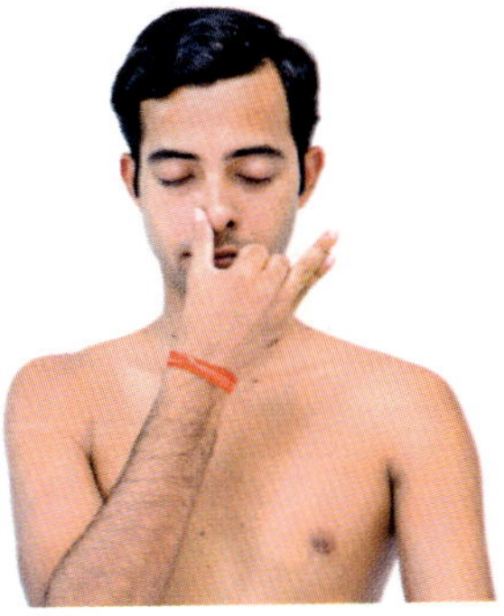

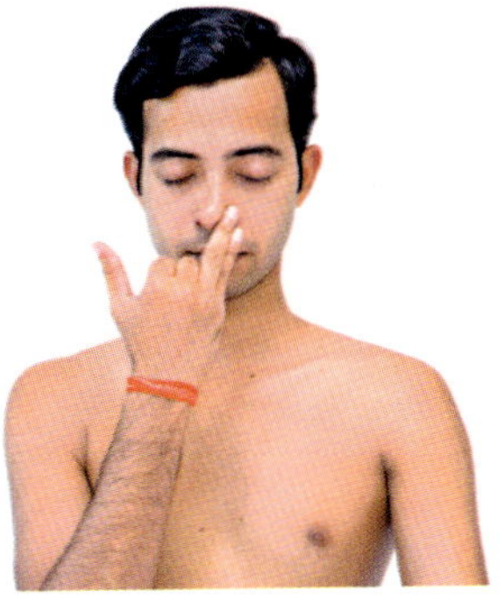

५. श्वास बाहर निकल जाने के पश्चात् उसी (दाहिने) नथुने से श्वास लें (दीर्घ) ।

5. After exhalation from the right nostril, inhale deeply from the same nostril (right).

६. अब दाहिना नथुना अंगूठे से बन्द रखते हुए बायीं नथुने से (अनामिका और कनिष्ठ को ऊपर उठाते हुए) श्वास पूर्वोक्त विधि से बाहर निकाल दें । सरल अनुलोम - विलोम का यह एक क्रम पूर्ण हुआ ।

6. Closing the right nostril with the thumb, remove the ring finger and little finger from the left nostril and exhale deeply. This completes one round of easy Anuloma-Viloma.

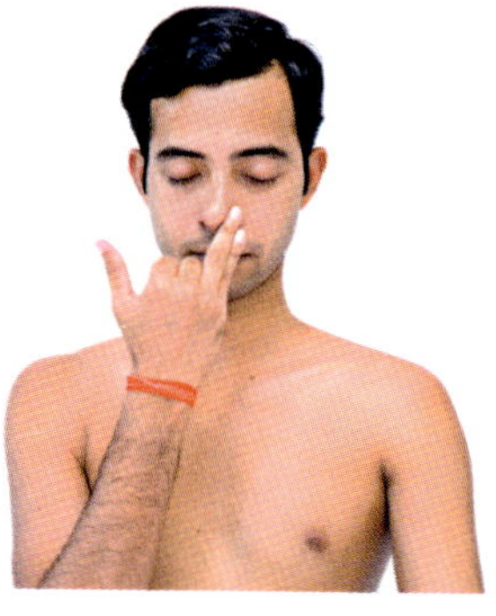

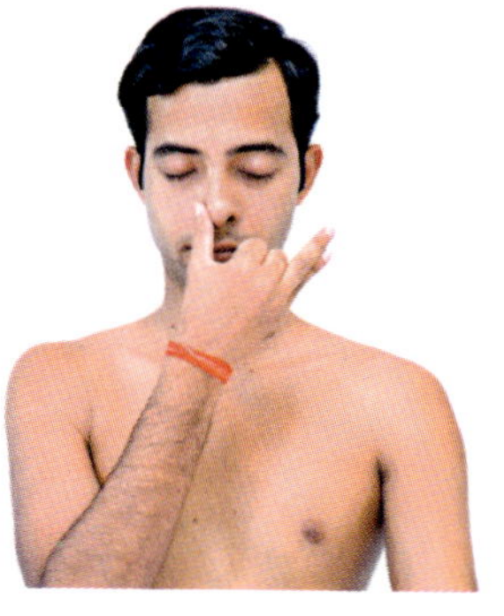

**विधिः-** (कुम्भक युक्त)

**Technique:-** (with Kumbhaka)

१. पद्मासन लगाकर बैठ जाइये ।

1. Sit in Padmāsana.

२. अपनी तर्जनी तथा मध्यमा अंगुली को हथेली की ओर मोड़ें । अंगूठा दाहिने तथा अनामिका और कनिष्ठा बायें नथुने की ओर रहेगा ।

2. Fold the index and middle finger of the right hand towards the palm. Now, place the thumb of the hand in front of the right nostril and the ring and little ('pinky') finger in front of the left nostril.

३. अंगूठे से दाहिने नथुने को बन्द रखते हुये बाँयें नथुने से श्वास लें (दीर्घ) ।

3. Close the right nostril by placing the thumb of the right hand on the nose bone. Inhale deep through the left nostril.

४. पूर्ण हो जाने पर अनामिका और कनिष्ठा से बायें नथुने को भी बन्द कर लें व जालन्धरबन्ध लगाकार श्वास अन्दर रोकें । (अर्थात् कुम्भक करें) ।

4. Once you have inhaled completely, close the left nostril with the ring finger and little finger. Place the chin on the jugular notch, forming Jālandhara Bandha, and hold the breath.

५. रोकने के पश्चात् बायां नथुना अनामिका और कनिष्ठा से बन्द रखते हुए दाहिने नथुने से (अंगूठा ऊपर उठाते हुए) श्वास धीरे-धीरे बाहर छोड़ दें ।

5. After exhalation from the right nostril, inhale deeply from the same nostril (right).

६. श्वास बाहर निकल जाने के पश्चात् उसी (दाहिने) नथुने से श्वास लें ।

6. After exhalation from the right nostril, inhale deeply from the same nostril (right).

७. पूर्ण श्वास भर जाने पर दोनों नथुने बन्द कर लें और कुम्भक करें ।

7. Once you have inhaled completely, close the right nostril with the thumb and practice Kumbhaka again.

८. यथाशक्ति श्वास रोकने के पश्चात् बायें नथुने से (अनामिका और कनिष्ठा को ऊपर उठाते हुए) श्वास धीरे धीरे निकाल दें - कुम्भकयुक्त अनुलोम-विलोम का यह एक क्रम पूर्ण हुआ ।

8. Retain the breath according to the capacity of your body and then remove the ring and little finger from the left nostril. This completes one round of Anuloma-Viloma with Kumbhaka.

**टिप्पणी:-** स्वात्मारामजी ने इसे 'नाडीशोधन प्राणायाम' कहा है - "शुद्धा नाडिगणा भवन्ति यमिनां मासत्रयादूर्ध्वतः" इस प्रकार तीन महीने तक करने से नाड़ियाँ शुद्ध हो जाती हैं । इसी नाड़ीशोधन प्राणायाम का प्रचलित नाम 'अनुलोम-विलोम प्राणायाम' है ।

**Note:-** Swātmārāma called this Prāṇāyāma 'Naḍīśodhan.' 'Śhuddhā nāḍigaṇā bhavanti yaminam matstrayadurdhvatah' refers to the practice of 'Naḍīśodhan,' which, if practiced for three months, purifies the nāḍis. The popular name for 'Nāḍiśhodhana Prāṇāyāma' is 'Anuloma-Viloma.'

**ध्यान रहे किः-**

१. यह एक नाड़ी शोधक प्राणायाम है ।
२. यदि पद्मासन न कर पाते हों तो कोई भी बैठने की स्थिति लें ।
३. प्रारम्भ में (कम से कम ६ मास तक) अनुलोम विलोम की सरल विधि (कुम्भक रहित) का ही अभ्यास करें ।
४. जब एक नथुने से श्वास लें या निकालें तो दूसरा नथुना बन्द रहना चाहिये ।
५. उदर श्वास लेते समय न फूले, फेफड़े या छाती फूलनी चाहिये, पेट को संभालकर थोड़ा दाब कर रखें ।
६. कुम्भकयुक्त प्राणायाम करते हुए श्वास अन्दर लेते समय जितना समय लगा हो उतना समय कुम्भक के लिये दिया जाना चाहिये, अर्थात् १ : २ के अनुपात से प्रारम्भ करना चाहिये ।
७. श्वास निकालते समय में लेने से दोगुणा समय लगाना चाहिये ।
८. नाक पर अंगुलियाँ रखते समय इतना न दबायें कि नाक कि स्थिति टेढ़ी रहे ।
९. सर्वदा ध्यान रहे कि प्राणायाम समाप्त होने पर यदि श्वास की गति में अवरोध है या तीव्रता है तो समझना चाहिये कि आपने श्वास अधिक देरी तक रोकी है जो ठीक नहीं है ।
१०. कुम्भकयुक्त प्राणायाम का अभ्यास प्रायः योग्य गुरु के निर्देशन में ही करना चाहिये ।
११. ध्यान रहे प्राणायाम में दोनों नाक के स्वर खुले रहने चाहिये ।

**Remember:-**

1. This is Nāḍiśhodhan Prāṇāyāma.
2. If you cannot sit in Padmasana then sit in any posture that you find comfortable. Sit erect.
3. Beginners should practice the easy variation of Anuloma-Viloma (without Kumbhaka) for at least 6 months before graduating to the advanced variation (with Kumbhaka).
4. When you inhale or exhale through one nostril the other nostril should be kept closed.
5. Control the abdomen during inhalation and do not let it expand outward. Instead, the lungs and the chest should expand outward during inhalation.
6. When beginning the practice of Kumbhaka (retention) the ratio between inhalation and Kumbhaka should be the same (i.e. 1:1:2- inhalation, Kumbhaka, and exhalation, respectively).
7. The time devoted to exhalation of the breath should always be double that of inhalation.
8. Do not bend the nose while using the fingers to close the nostrils.
9. An obstruction in respiration or rapid respiration after the practice of Kumbhaka signifies that the practitioner has retained their breath beyond their capacity. This is not desirable.
10. Prāṇāyāma with Kumbhaka should always be practiced under the guidance of a qualified teacher.
11. Both nostrils must be equally open while practicing Prāṇāyāma.

## ४४. कपालभाति

## 44. KAPĀLABHĀTI

**भस्त्रावल्लोहकारस्य रेचपूरौ ससम्भ्रमौ ।**
**कपालभातिर्विख्याता कफदोषविशेषणी ।।** (ह. प्र. २/३६)

bhastrāvallohakārasya recapūrau sasaṃbhramau /
kapālabhātirvikhyātā kaphadosaviśosanī //36//(H. P. 2/36

लुहार की धौंकनी के समान शीघ्रता से रेचक पूरक करने से कपालभाति होती है । यह कफ रोगों को नष्ट करने वाली है ।

Rapid performance of Recaka (exhalation) and Puraka (inhalation) like (emptying and filling up of) the bellows of a blacksmith is Kapālabhāti, well known as the destroyer of disorders caused by phlegm.

**परिचयः-** आरामदेह आसन (कम्बल, कुश, मृगचर्म या तौलिया मोड़कर) बिछाकर पद्मासन, समासन, स्वस्तिकासन या अन्य किसी सुविधाजनक आसन में सीधे बैठ जायें । कपालभाति करते समय शरीर के झटके से हिलने की सम्भावना रहती है अतः दृढ़ होकर बैठें । जिस प्रकार लुहार की धौंकनी आवाज करती हुई हवा खींचती है तथा बाहर छोड़ती है उसी प्रकार से हमें यह क्रिया मुँह बन्द रखते हुए नाक द्वारा श्वास लेकर व तुरन्त तेजी से छोड़कर करनी होती है । प्रत्येक श्वास छोड़ने के साथ नाभि का हिस्सा अन्दर जाता है तथा श्वास लेते समय बाहर आता है । इसे ही बार बार सम्यक् रूप से जल्दी जल्दी करना होता है । इसमें रेचन (श्वास छोड़ने) को प्रमुखता दी जाती है, श्वास लेना स्वयमेव होता है।

**Introduction:-** Spreading out comfortable 'Āsana' (sitting material like blanket, Kusha, deer skin or towel), sit in Padmāsana, Samāsana, Svastikāsana or in any comfortable posture. While doing Kapālabhāti, there is a chance of shakening the body with jerk hence sit firmly. As the bellows of the blacksmith draws air in or leaves air out with sound, so we have to practise inhaling through nostrils and exhaling forcibly soon, keeping our mouth closed. The navel region is drawn in during each exhalation and bulged out at the time of inhalation. This is to be practised repeatedly, rightly and rapidly. Here exhalation is given prominence, inhalation takes place automatically.

**विधिः-**

१. आसन बिछाकर किसी भी आसन (पद्मासन, समासन या अन्य किसी सुविधाजनक आसन) में सीधे बैठ जायें ।

२. दोनों हाथों को घुटनों पर रखें ।

**Technique:-**

1. Sit tall in any posture that you find comfortable. Ideally, one should sit in a meditative posture (Padmāsana, Samāsana etc).

2. Put both hands on the respective knees.

३. जोर से दोनों नथुनों से श्वास बाहर फेंकें । इसके साथ ही पेट अन्दर की ओर जायेगा ।

3. Exhaling forcefully through both nostrils, simultaneously draw in the abdomen.

४. पूर्ण श्वास झटके से बाहर जाने के बाद तुरन्त श्वास अन्दर लें तथा पेट को पूर्व स्थिति में ले आवें ।

4. After exhaling, inhale and allow the abdomen to rise.This completes one round of Kapālabhāti.

**टिप्पणी:-** यह हठयोग की ६ शोधन क्रियाओं में से एक हैं । यह एक श्वसन सम्बन्धी क्रिया है ।

**Note:-** This is one of six cleansing processes (Kriyas) in Haṭha Yoga. This Kriya is related to the respiratory system.

**ध्यान रहे कि:-**

१. श्वास बाहर छोड़ते समय शरीर स्थिर रहे ।

२. जिन लोगों के गले खराब हों वे नाक में श्वास वायु का स्पर्श करते हुए रेचक करें ।

३. जिन्हें अधिक छीकें आती हों वे कंठ को तनिक संकुचित करके उज्जायी जैसी आवाज में करें ।

**Remember:-**

1. Remain composed while exhaling.
2. Those who are suffering from a throat infection should not partially close the glottis while exhaling.
3. People who have the tendency to sneeze a lot should practice this Kriya with a contracted glottis producing a similar sound to that of Ujjayi.

**लाभ एवं सीमायें:-**

१. यह दमा, सर्दी के रोग तथा कब्ज में अत्यन्त लाभकारी है ।
२. इससे यकृत तथा प्लीहा बलशाली व कार्यक्षम बनते हैं ।
३. इससे श्वास लेने की गति स्थिर होती है ।
४. जिन लोगों को मधुमेह हो वे इसे न करें ।
५. जिन्हें पेट में अल्सर अथवा अधिक पित्त की शिकायत हो वे इसे न करें ।
६. जिन्हें उच्च रक्तचाप अथवा पेट में गैस की शिकायत हो वे भी इसे न करें ।
७. कपालभाति १ मिनट में १२० धक्के से ज्यादा न करें ।

**Benefits and Limitations:-**

1. This is a very useful practice for asthma, colds, and constipation.
2. This practice improves the strength and efficiency of the liver and spleen.
3. It also regulates the rhythms of the respiratory system.
4. Those suffering from diabetes should not practice it.
5. People who suffer from bile and ulcers in the stomach should not practice it.
6. Those suffering from high blood pressure or gas in the abdomen should not practice it either.
7. The ideal prescription of Kapalabhati is 120 strokes per round. A practitioner should be careful not to exceed this amount.

## ४५. उड्डीयानबन्ध

## 45. UḌḌIYANA BANDHA

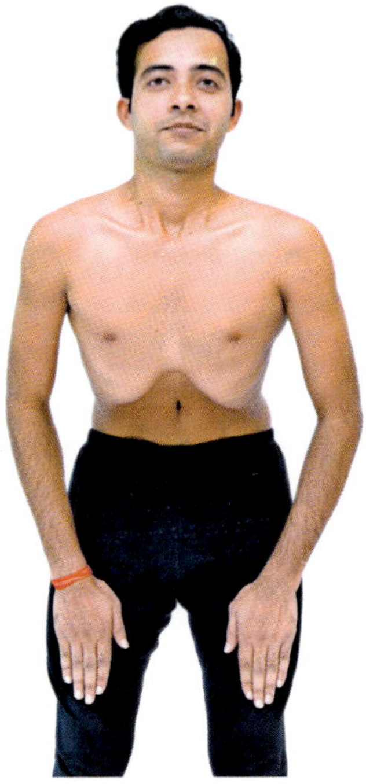

**उदरे पश्चिमं तानं नाभेरूर्ध्वं च कारयेत् ।**
**उड्डीयानो ह्यसौ बन्धो मृत्युमातङ्गकेसरी ।।** (ह. प्र. ३/५६)

udare paścimaṃ tānaṃ nabherūrdhvaṃ ca kārayet /
uḍḍīyāno hyasau bandho mṛtyumātaṅgakesarī //56// (H. P. 3/56)

पेट के नाभि के ऊपर का और नीचे का भाग पीछे की ओर खींचे, यह उड्डीयान बन्ध है जो मृत्युरूपी हाथी के लिये सिंह के समान है ।

Pull back the abdomen above and below the navel. This is Uḍḍīyāna Bandha, it is like lion to the elephant for death.

## विधिः-

## Technique:-

१. अपने स्थान पर सीधे खड़े हो जाइये ।

1. Stand erect, legs together, and hands by the sides of the thighs.

२. पैरों को चौड़ा कर लीजिये कि इन में १५ इंच से १८ इंच तक का अन्तर रहे ।

2. Then separate the legs approximately fifteen to eighteen inches apart.

३. थोड़ा आगे झुकिये, हाथ अपने घुटनों या जंघा पर रख लीजिये और अब श्वास को पूर्ण निकाल कर बाहर रोक रखें ।

3. Leaning forward, bend the legs slightly and place the hands on the respective knees or thighs. Exhale out completely and hold the breath.

४. छाती को थोड़ा फैलाइये, जिससे पेट अन्दर की ओर खिंचेगा तथा आपको यह मालूम होगा कि नाभि के ऊपर का हिस्सा आपकी छाती की हड्डियों के नीचे जा रहा है । पेट की मांसपेशिया पीठ की तरफ खिचेगी और पेट में गड्डा बन जायेगा ।

4. Holding the breath, mock the process of inhalation allowing the chest to expand and the abdomen to be sucked in towards the chest.

५. पूरा खिंचने के बाद ५-१०-१५-२० सेकण्ड (अपनी सीमा के अनुसार) रोक रखें । अब वापस आइये ।

5. According to the capacity of your body, maintain the position of the stomach for five to twenty seconds.

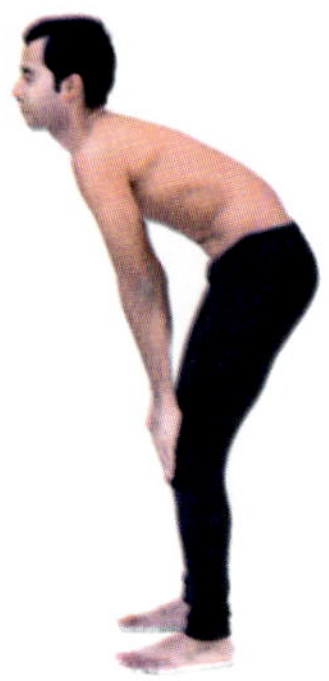

६. फिर धीरे धीरे पेट छोड़ दें और श्वास लेकर सीधे खड़े हो जाये ।

6. Slowly relax the abdomen, inhale, and stand tall.

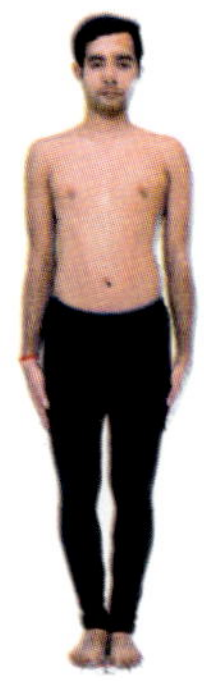

**टिप्पणी:-** उड्डीयान बन्ध तीन बन्धों और दस मुद्राओं में से एक है ।

**Note:-** Uḍḍīyāna Bandha is enumerated as one of the three Bandhas and ten Mudrās.

**ध्यान रहे कि:-**

१. झुकते समय कमर अधिक न झुकायें ।
२. छाती बाहर निकली रहेगी, कंधे थोड़ा झुकेंगे ।
३. घुटने पर से पैर अधिक नहीं मुड़ेंगे ।
४. पेट को कड़ा न करें, शिथिल छोड़ दें ।
५. श्वास पूर्णरूप से बाहर निकालें ।
६. उड्डीयान सर्वदा खाली पेट करें ।
७. इसे पद्मासन में बैठ कर भी कर सकते हैं ।

**Remember:-**

1. Do not bend the waist while leaning forward.
2. While mocking inhalation, the chest should expand.
3. The legs should bend slightly at the knees.
4. Keep the abdomen relaxed. Do not keep it tight.
5. Exhale completely (fully).
6. Always practice Uḍḍīyāna on an empty stomach.
7. Uḍḍīyāna can also be practiced sitting in Padmasana.

**लाभ एवं सीमायें:-**

१. इससे कब्ज विकार दूर होता है, जठराग्नि प्रदीप्त होती है तथा नाभि प्रदेश पर उपयुक्त दबाव पड़ता है । तथा कुम्भक में स्थिरता आती है ।

२. सर में दर्द की शिकायत हो तो उस दिन न करें ।

**Benefits and Limitations:-**

1. This practice removes constipation, invigorates the digestive system, gives pressure to the navel plexus, and helps to the retention of breath stable.
2. If you are experiencing a headache then refrain from the practice of Uḍḍīyāna.

## ४६. अग्निसार

## 46. AGNISĀRA

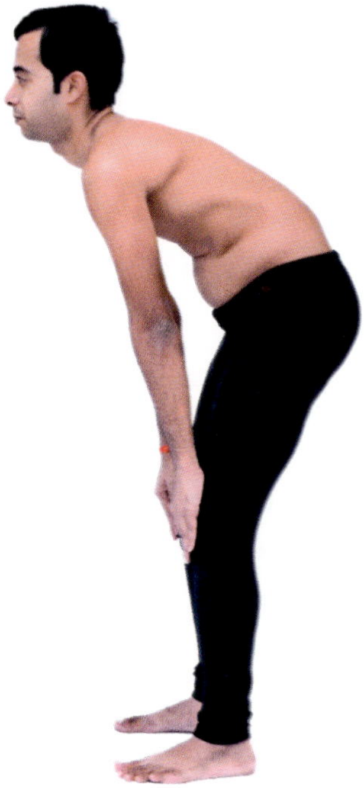

**नाभिग्रन्थिं मेरूपृष्ठे शतवारं च कारयेत् ।**
**उदर्यमामयं त्यकत्वा जठराग्निं विवर्धयेत् ।।** (घे. सं. १/१९)

nābhigranthiṃ merupṛṣṭhe śatavāraṃ ca kārayet /
udaryamāmayaṃ tyaktvā jaṭharāgniṃ vivardhayet //19// (G. S. 1/19)

नाभिग्रन्थि की सौ बार पीछे मेरु में लगाने का प्रयत्न करो इससे उदर विकार दूर होते हैं तथा अन्न को पचानेवाली जठराग्नि प्रदीप्त होती है ।

Push the navel against the spine a hundred times. Having thus got rid of abdominal diseases, one increases the gastric fire.

## विधिः-

## Technique:-

१. सीधे खड़े हो जाइये ।

1. Stand erect, legs together, and hands by the sides of the thighs.

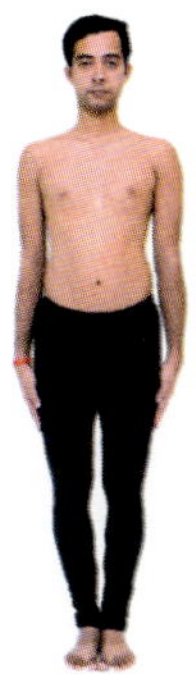

२. दोनों पैरों में करीब १-१/२ फीट का अन्तर लायें तथा दोनों हाथ अपने दोनों घुटनों पर रख लें ।

2. Then separate the legs approximately one to one and a half feet apart. Leaning forward, bend the legs slightly and place the hands on the respective knees or thighs.

३. श्वास को धीरे धीरे पूर्णतः बाहर निकालें । श्वास को जिस प्रकार उड्डियान करते समय बाहर रोके रखते हैं, उसी प्रकार बाहर रोक लें ।

3. Slowly exhale out completely. Similar to the practice of Uḍḍiyāna Bandha hold the breath after fully exhaling.

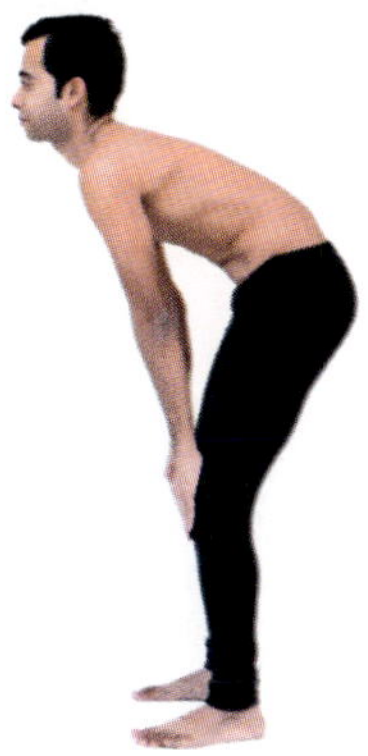

४. तत्पश्चात् पेट जो श्वास बाहर निकाले जाने के कारण अन्दर की ओर सिकुड़ गया है -

4. At this stage, the stomach will have contracted due to exhalation.

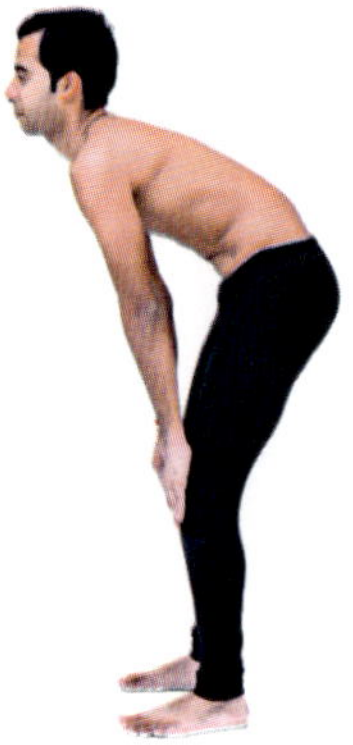

५. उसे बिना श्वास लिए गुब्बारे की तरह बाहर फुलायें, दो क्षण बाद पेट को अन्दर करें और पुनः बाहर फुलायें । इस प्रकार ४-६ बार पेट को बाहर भीतर करें ।

5. Without inhaling, expand the stomach out like a balloon and maintain this position for two seconds. Then, move the stomach back in and, again, blow it out like a balloon. Repeat this practice four to six times.

६. अब श्वास अन्दर लें यह अग्निसार का एक क्रम हुआ, इसी प्रकार ४-५ बार करें ।

6. Gently inhale and return to the original starting position. This forms one round of Agnisāra. Repeat this practice four or five more times.

**टिप्पणीः-** जैसा कि इसके नाम से ही स्पष्ट है, इस क्रिया का जठराग्नि के माध्यम से हमारी पाचन प्रणाली पर प्रभाव पड़ता है । यह क्रिया खड़े होकर उड्डीयान की स्थिति में या पद्मासन अथवा बैठने की स्थिति वाले आसन, जिसमें आप स्थिर रहें, कर सकते हैं ।

**Note:-** Agnisāra influences the digestive system through regulation of the body's gastric fire. It can be practiced standing in a position similar to that of Uḍḍiyāna Bandha, in Padmāsana, or in any comfortable seated posture in which you can remain steady.

**ध्यान रहे किः-**

१. इसका अभ्यास खाली पेट करें ।

२. भोजन के चार घंटे तक यह न करें ।

**Remember:-**

1. Practice it on an empty stomach.
2. Do not practice it for at least four hours after a meal.

**लाभ एवं सीमायेंः-**

१. अग्निसार से भूख सामान्य हो जाती है । पचनक्रिया स्वस्थ रहती है, यकृत बलशाली रहता है तथा स्वास्थ्य निरोगी ।

२. उड्डियान से होने वाले लाभ भी इसके द्वारा मिलते हैं ।

३. यदि उच्च रक्तचाप हो, तो बहुत धीरे बिना अधिक दबाव दिया करें ।

**Benefits and Limitations:-**

1. Agnisāra makes the the appetite normal, keeps the digestive system healthy, increases the strength of the liver and keeps the body generally healthy and free from disease.
2. The benefits are also similar to that of Uḍḍiyāna.
3. People suffering from high blood pressure should practice it very slowly without increasing the pressure in the stomach too much.

## ४७. योगमुद्रा

## 47. YOGAMUDRĀ

यह एक परम्परा से आया हुआ योगमुद्रा आसन है । प्राचीन योग की पुस्तकों में इसका उदाहरण नहीं मिलता है ।

This Yogamudrā Āsana has come through tradition. Its reference is not found in old Yoga texts.

## विधिः-

## Technique:-

१. पद्मासन लगाकर बैठ जाइये ।

1. Sit in Pādmāsana.

२. दोनों हाथ पीछे ले जाकर एक हाथ से दूसरे हाथ की कलाई पकड़िये, गर्दन सीधी रहेगी ।

2. Take the hands behind the back and using any hand grab the wrist of the other hand. Keep the head and neck straight.

३. धीरे-धीरे कमर के भाग से आगे झुकिये, झुकते ही जाइये जब तक कि माथा जमीन पर न लग जाये ।

3. Relaxing the waist, bend forward from the lower back until the forehead touches the ground.

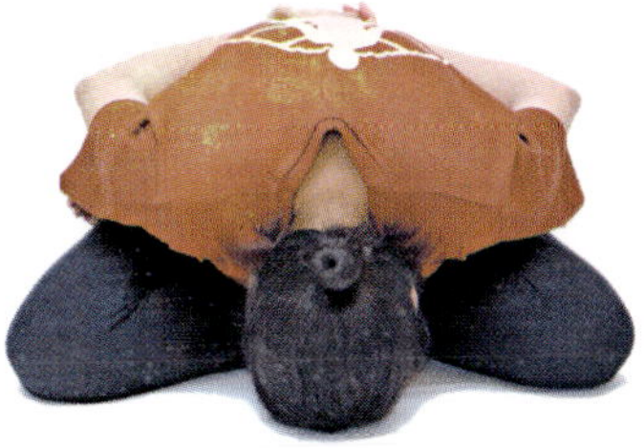

४. थोड़ी देर रुकने के पश्चात् धीरे से माथा उठाइये छाती उठाइये, व सीधे बैठ जाइये, हाथ छोड़िये ।

4. After maintaining this position for some time, return to the original starting position.

### ध्यान रहे कि:-

१. यदि पद्मासन न लगे तो अर्धपद्मासन लगाइये ।

२. यह भी न होता हो तो वज्रासन में बैठ जाइये व दोनों मुठ्ठीयों की अंगुलियां नाभि से सटा कर रख लिजिये । बंधी मुठ्ठी की अंगुलियां नाभि के नीचे लगी रहेंगी। ऐसी स्थिति में आगे झुकिये व माथा जमीन से लगाइये ।

३. किसी भी स्थिति में इस आसन का अभ्यास करते हुए नितम्ब न उठने दें ।

४. जब माथा आसानी से जमीन पर लगने लगे तो क्रमशः नाक व ठोड़ी जमीन से लगाने का अभ्यास करना चाहिए।

### Remember:-

1. If you are unable to sit in Padmāsana then practice this Mudra in Ardha Padmāsana.
2. If you are unable to sit in Ardha Padmāsana then sit in Vajrāsana. Making two fists place them near the navel region. The fingers of the fists should be facing the stomach. Then, bend forward until the forehead touches the ground.
3. Try to avoid lifting the buttocks off the ground during this practice.
4. If you find it easy to touch your forehead on the ground, then try to touch your nose and chin on the ground as well.

### लाभ एवं सीमायें:-

१. इसके करने से पेट के अन्दर के अवयव अपने स्थान पर सुचारु रूप से कार्य करते हैं ।

२. नाभि से सटे हुए स्नायु बलशाली होते हैं ।

३. यह बद्धकोष्ठता में लाभकारी है तथा इससे शुक्रदौर्बल्य दूर होता है ।

४. जिन्हें उच्च रक्त-चाप अथवा सिरदर्द की शिकायत हो वे इसे न करें ।

### Benefits and Limitations:-

1. This practice increases the efficiency of the internal organs of the abdomen.
2. The nerves connected to the navel become stronger through this practice.
3. It is beneficial for constipation and removes seminal weakness.
4. Those suffering from hypertension or chronic headaches should not practice it.

## ४८. नौलि

## 48. NAULI

**अमन्दावर्तवेगेन तुंदं सव्यापसव्यतः।**
**नतांसो भ्रामयेदेषा नौलिः सिद्धैः प्रचक्षंते ।।** (ह. प्र. २/३४)

amandāvartavegena tundaṃ savyāpasavyataḥ /
natāṃso bhrāmayedeṣā nauliḥ siddhaiḥ pracakṣyate //34//(H. P. 2/34)

अपने कंधे को थोड़ा आगे झुकाकर भँवर के समान वेग से उदर को दाहिने से बांयें और बांयें से दाहिनी ओर घुमावें । सिद्धों के द्वारा इसे ही नौलि कहा जाता है ।

With shoulders bent forward one should rotate the abdomen right and left with the speed of a fast rotating whirl pool. This is called Nauli by accomplished yogis.

 

## विधिः-

## Technique:-

१. अपने स्थान पर सीधे खड़े हो जाइये ।

1. Stand erect, legs together, and hands by the sides of the thighs.

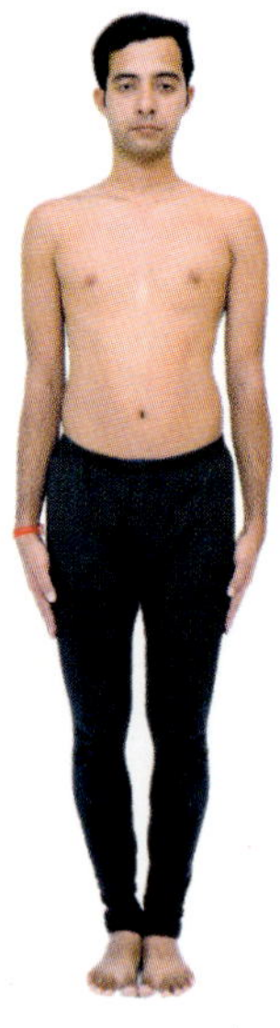

२. पैरों में १५ इंच से १८ इंच तक का अन्तर कीजिये तथा थोड़ा आगे झुकिये व हाथ अपने घुटनों या जंघा पर रख लीजिए और अब श्वास को पूर्ण निकाल कर बाहर रोक रखें ।

2. Then separate the legs approximately fifteen to eighteen inches apart. Leaning forward, bend the legs slightly and place the hands on the respective knees or thighs. Exhale out completely and hold the breath.

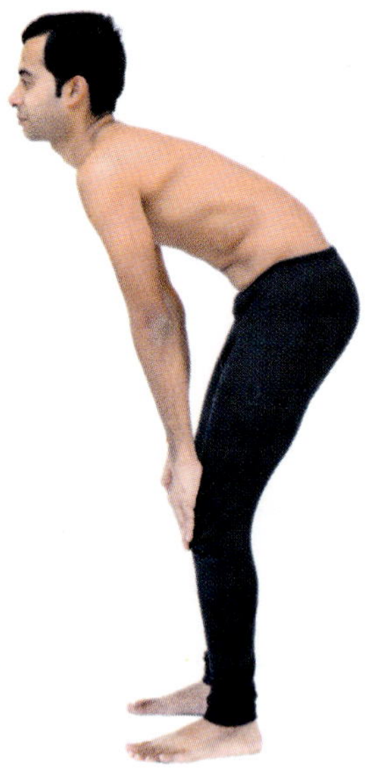

३. छाती को थोड़ा फुलाइये तथा डायफ्राम ऊपर उठाइये ताकि पेट अन्दर की ओर चला जावे व पेट में गड्ढा सा हो जावे ।

3. While holding the breath, expand the chest and raise the diaphragm so that the abdomen is drawn in. This will create a concave cavity in the abdomen wall.

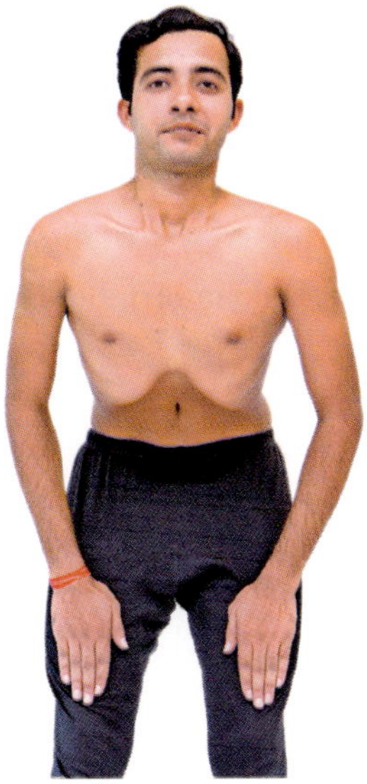

**मध्य नौलिः-**

४. प्रयत्न करें कि आप के उदर की बीच की मांसपेशी अलग होकर आगे निकल आवें । यह पहले प्रयास में नहीं होता है । परन्तु प्रयत्न करते रहना चाहिये । अग्निसार की तरह पेट बाहर निकालें व अन्दर ले पर प्रयत्न यह रहे कि केवल मध्यम भाग ही आगे आवे । इसे ही (मध्य) नौलि कहते हैं । अपनी सीमा के अनुसार कुछ देर रोक कर सामान्य स्थिति में आ जावें और पुनः अभ्यास करें ।

**MIDDLE NAULI:-**

4. Now, try to isolate the central abdominal muscle (rectus abdominis) and expand it outward as you would during Agnisara. The expansion of the central part of the abdomen is called Madhyama (middle) Nauli. Maintain this position according to the limitations of your body and then return to the original starting position. At first this practice may be difficult, yet, with daily repetition it can be achieved.

### वाम नौलिः-

१. मध्यम नौलि करने के बाद जब हम बायें हाथ से बायें घुटने पर अधिक जोर देते हैं और दाहिने घुटने पर दाहिने हाथ का जोर कम कर देते हैं तो बीच की मांसपेशी बायीं ओर चली जाती है और इसे ही वाम नौलि कहते हैं ।

### LEFT NAULI:-

1. After accomplishing middle Nauli, increase the pressure on the left knee by pressing the left hand against it a bit more. Simultaneously, decrease the pressure on the right knee exerted by the right hand. This will allow the middle Nauli to shift to the left side, which is known as Vama (left) Nauli.

### दक्षिण नौलिः-

२. इसी प्रकार जब हम बायें घुटने पर बायें हाथ का दबाव कम करके दाहिने घुटने पर दाहिने हाथ का दबाव बढ़ाते हैं, तो वही एकत्रित मांसपेशी (मध्यनौलि की) दाहिनी ओर चली जाती है और इसे ही दक्षिण नौलि कहते हैं ।

### RIGHT NAULI:-

2. After accomplishing middle Nauli, increase the pressure on the right knee by pressing the right hand against it a bit more. Simultaneously, decrease the pressure on the left knee exerted by the left hand. This will allow the middle Nauli to shift to the right side, which is known as Daksina (right) Nauli.

## नौलि चालनः-
(बायीं से दाहिनी ओर)

## ROTATION OF NAULI:-
(FROM LEFT TO RIGHT)

१. सर्वप्रथम उड्डियान करें ।

1. Perform Uḍḍiyāna.

२. घुटनों पर दोनों हाथों से हल्का सा जोर देकर मध्यनौलि निकालें ।

2. Pressing lightly on the knees with the respective hands, form middle Nauli.

३. अब बायें घुटने पर जोर देकर दाहिने घुटने पर दाहिने हाथ का दबाव कम करके वाम नौलि करें ।

3. Now, decreasing the pressure on the right knee and increasing the pressure on the left knee form Vama (left) Nauli.

४. दोनों घुटनों पर के दबाव को एकदम कम करके उड्डियान की स्थिति लायें ।

4. Bringing back equal pressure on both knees, reduce this pressure completely and return to the position of Uḍḍiyāna Bandha.

५. अब दाहिने घुटने पर दाहिने हाथ से थोड़ा दबाव डाल कर दक्षिण नौलि करें ।

5. Decrease the pressure on the left knee and increase the pressure on the right knee, forming Daksina (right) Nauli.

६. अब पुनः दोनों घुटनों पर समान दबाव जालकर मध्यनौलि करें । उपरोक्त क्रम से जल्दी जल्दी नौलि एवं उड्डियान का अभ्यास किया जाय तो वही नौलि चालन कहा जाता है । इन्हें पुनः उल्टी दिशा में भी घुमाया जा सकता है । अर्थात् सर्वप्रथम मध्यनौलि, दक्षिणनौलि, उड्डियान, वाम नौलि पुनः मध्यनौलि ।

6. Bringing back equal pressure on both knees form Madhya (middle) Nauli. With increased speed and practice, the Nauli will begin to rotate forming Naulicalana (rotational Nauli). This can also be practiced in the opposite direction i.e., middle Nauli, right Nauli, Uḍḍiyāna, left Nauli and right Nauli. Practice this according to the limitations of your own body.

**टिप्पणी:-** 'उड्डियान' का अभ्यास हो जाने के बाद ही नौलि का अभ्यास करते है ।

**Note:-** Nauli is practised only after the practice of Uḍḍīyāna.

### ध्यान रहे कि:-

१. नौलि अभ्यास से स्वतः निकलती है । शिक्षक केवल समझा सकता है । इसमें शीघ्रता की अपेक्षा न करें । उड्डियान जितना अच्छा व देर तक होगा, नौलि निकलने में उतनी ही सहायता मिलेगी ।
२. नौलि-वस्ति व अन्य कुछ क्रियाओं का आधार है, अतः दक्षता से करना सीखें ।
३. भोजन के पश्चात् कभी भी न करें,खाली पेट इसका अभ्यास करना चाहिये ।

### Remember:-

1. Nauli is best achieved through practice. It should be practiced under the guidance of a teacher. One should not have the expectation of successfully achieving it immediately. First, master the practice of Uḍḍiyāna, which will facilitate the practice of Nauli.
2. Nauli is prerequisite to practicing certain cleansing processes, such as Basti. For those seeking to advance their study and learn these cleansing processes it is important to master the practice of Nauli.
3. Never practice it after a meal. It should always be practiced on an empty stomach.

### लाभ एवं सीमायें:-

१. नौलि के अभ्यास से यकृत के कार्य दक्षता से होने लगते है तथा भूख सामान्य हो जाती है ।
२. उड्डियान के सभी लाभ नैलि में भी मिलते है ।
३. यदि उच्च रक्तचाप हो, ज्यादा जोर लगा कर न करें ।
४. पोट में या आंतो में जखम हो तो न करें ।

### Benefits and Limitations:-

1. Nauli increases the strength of the liver and regulates the appetite.
2. The benefits are also similar to that of Uḍḍiyāna.
3. Those suffering from high blood pressure should not practice Nauli with a lot of force.
4. Those suffering from ulcers in the stomach or intestines should avoid the practice of Nauli and Uḍḍiyāna.

## ४९. जालन्धरबन्ध

## 49. JĀLANDHARA BANDHA

**कण्ठमाकुञ्च्य हृदये स्थापयेच्चिबुकं दृढ़म् ।**
**बन्धो जालन्धराख्योऽयं जरामृत्युविनाशकः ।।** (ह. प्र. ३/६९)

kaṇṭhamākuñcya hṛdaye sthāpayeccibukaṃ drḍham /
bandho jālandharākhyo'yaṃ jarāmṛtyuvināśakaḥ //69// (H. P. 3/69)

अपने कण्ठ को संकुचित कर (सिकोड़कर) हृदय में चिबुक (ठोड़ी) को दृढ़तापूर्वक लगावें । यह जालन्धरबन्ध बुढ़ापा और मृत्यु को दूर करता है ।

Contracting the throat, the chin should be firmly placed on the chest. This is known as Jālandhara Bandha. The destroyer (greatest enemy) of old age and (premature death).

## विधिः-

## Technique:-

१. पद्मासन या किसी भी ध्यानात्मक स्थिति में बैठ जाइये ।

1. Sit in Padmāsana or any comfortable meditative posture.

२. अपनी गर्दन थोड़ा आगे की ओर झुकावें ।

2. Bend the neck a little forward.

३. धीरे धीरे अपनी ठोड़ी को छाती से अच्छी तरह लगावें ताकि जब आप प्राणायाम करते समय कुम्भक का अभ्यास करें तो अन्दर रोकी हुई हवा बाहर न निकल सके ।

3. Place the chin against the chest (jugular notch). While practicing Pranayama with Kumbhaka, firmly place the chin against the chest to prevent the retained air from being released.

४. वापस आते समय धीरे से ठोड़ी हटावें और गर्दन सीधी कर लें ।

4. While returning to the original starting position, slowly raise the chin and straighten the neck.

### ध्यान रहे कि:-

१. इसका अभ्यास सावधानीपूर्वक किसी योग्य शिक्षक की देखरेख में ही करें ।

२. प्रारम्भ में कुछ सेकेन्ड ही इसका अभ्यास करें ।

### Remember:-

1. Practice it carefully under the guidance of a qualified teacher.
2. Beginners should practice it for a few seconds only.

### लाभ एवं सीमायें:-

१. इस बन्ध का सीधा प्रभाव हमारी आवाज निकालने वाले यंत्र पर पड़ता है।

२. जिन लोगों को गर्दन में दर्द या स्पोन्डिलायटिस की शिकायत हो वे इसे न करें ।

### Benefits and Limitations:-

1. This Bandha influences the vocal organs directly.
2. Those suffering from neck pain or spondylosis should not practice it.

# परिशिष्ट

## १.यम

पतंजलि के अनुसार

१. अहिंसा

२. सत्य

३. अस्तेय

४. ब्रह्मचर्य

५. अपरिग्रह

स्वामी चरणदास (भक्तिसागर के अनुसार)

१. अहिंसा

२. सत्य

३. अस्तेय

४. ब्रह्मचर्य

५ क्षमा

६. धैर्य

७. दया

८. आर्जव

९. मिताहार

१०. शौच

## २. नियम

पतंजलि के अनुसार

१. शौच

२. सन्तोष

३. तप

४. स्वाध्याय

५. ईश्वरप्रणिधान

स्वामी चरणदास के अनुसार

१. तप

२. सन्तोष

३. आस्तिक्य

४. दान

५. ईश्वर-पूजन

६. सिद्धान्त-श्रवण

७. लज्जा

८. दृढ़मति

९. जप

१०. होम

## ३. आसन

(घेरण्डसंहिता के अनुसार)

| | | |
|---|---|---|
| १. सिद्धासन | २. पद्मासन | ३. भद्रासन |
| ४. मुक्तासन | ५. स्वस्तिकासन | ६. सिंहासन |
| ७. शवासन | ८. वज्रासन | ९. गोमुखासन |
| १०. वीरासन | ११. धनुरासन | १२. गुप्तासन |
| १३. मत्स्यासन | १४. मत्स्येन्द्रासन | १५. गोरक्षासन |
| १६. पश्चिमतान | १७. उत्कटासन | १८. संकटासन |
| १९. मयूरासन | २०. कुक्कुटासन | २१. कूर्मासन |
| २२. उत्तानकूर्मासन | २३. मण्डूकासन | २४. वृक्षासन |
| २५. गरुड़ासन | २६. शलभासन | २७. मकरासन |
| २८. उष्ट्रासन | २९. भुजंगासन | ३०. योगासन |
| ३१. उग्रासन | ३२. वक्रासन | ३३. बकासन |
| ३४. उत्तान मंडूकासन | ३५. वृक्षासन | |

## ४. प्राणायाम

| | | |
|---|---|---|
| पूरक | कुम्भक | रेचक |

**अष्ट कुम्भक (प्राणायाम)**

| | | |
|---|---|---|
| १. सूर्यभेदन | २. उज्जायी | ३. सीत्कारी |
| ४ शीतली | ५. भस्त्रिका | ६. भ्रामरी |
| ७. मूर्च्छा | ८. प्लाविनी | |

## ५. क्रिया

**षट् क्रिया**

| | | |
|---|---|---|
| १. धौति | २. वस्ति | ३. नेति |
| ४. त्राटक | ५. नौलि | ६. कपालभाति |

कपालभाति:

- वातक्रम
- व्युत्क्रम
- शीतक्रम

## ६. चक्र (शिवसंहिता के अनुसार)

| | चक्र के नाम | स्थान | चक्र के रंग | देवता | दल | अक्षर |
|---|---|---|---|---|---|---|
| १. | मूलाधार | सीवनी | लाल | विष्णु | चार | व,श,ष, स |
| २. | स्वाधिष्ठान | लिंगमूल | रक्तिम | बाला | छः | ब, भ, म, य, र, ल |
| ३. | मणिपुर | नाभि | स्वर्णिम | रूद्र | दस | ड,ढ,ण,त,थ,द,ध,न,प,फ |
| ४. | अनाहत | हृदयकमल | अतिशोणित | पिनाकी | बारह | क,ख,ग,घ,ङ्,च,छ,ज,झ, ञ,त,थ |
| ५. | विशुद्ध | कण्ठस्थान | चमकदार | छागलाण्ड | सोलह | अ,आ,इ,ई,उ,ऊ,ऋ,ऋ,लृ, लृ,ए,ऐ,ओ,औ,अं,अः |
| ६. | आज्ञा | भ्रूमध्य | शुक्ल | शुक्लमहाकाल | दो | ह, क्ष |

## ७. नाडियाँ

**७२००० सामान्यतः प्रत्येक शरीर में होती हैं। उनमें से मुख्य १४ नाडियाँ हैं**

१. सुषुम्ना
२. इडा
३. पिंगला
४. सरस्वती
५. कुहू
६. वारूणी
७. यशस्विनी
८. पूषा
९. पयस्विनी
१०. शंखिनी
११. गांधारी
१२. हस्तिजिह्वा
१३. विश्वोदरा
१४. अलम्बुषा

**इनमें से भी प्रमुख ३ नाडियाँ हैं**

१. सुषुम्ना
२. इडा
३. पिंगला

**इनमें भी अति प्रमुख १ नाडी**

सुषुम्ना

## ८ बंध और मुद्रा

१. महामुद्रा
२. महाबंध
३. महावेध
४. खेचरी
५. उड्डीयान
६. मूलबंध
७. जालंधर
८. शक्तिचालन
९. विपरीतकरणी
१०. सर्वांगासन
११. शीर्षासन
१२. नभोमुद्रा
१३. योनिमुद्रा
१४. मान्डूकीमुद्रा
१५. शाम्भवीमुद्रा
१६. अश्विनीमुद्रा
१७. पाशिनीमुद्रा
१८. कालीमुद्रा
१९. मातंगीमुद्रा
२०. भुजंगिनीमुद्रा
२१. षमुखीमुद्रा
२२. ज्ञानमुद्रा
२३. अंजलिमुद्रा
२४. जिह्वाबंध
२५. उन्मनी
२६. वैष्णवीमुद्रा

## ९. त्रिबन्ध

१. उड्डीयान बन्ध  २. मूलबन्ध  ३. जालन्धरबन्ध

## १०. अष्टसिद्धि

१. अणिमा  २. महिमा  ३. गरिमा  ४. **लघिमा**
५. प्राप्ति  ६. प्राकाम्य  ७. ईशित्व (ईशिवा)  ८. वशित्वा (वशीकरण)

## ११. वायु

| **नाम** | **स्थान** | **नाम** | **स्थान** |
|---|---|---|---|
| १. प्राण | कन्द | ३. व्यान | **आँख और कान** |
| | मुख | | के बीच |
| | नाक | | गर्दन (कृकटि) |
| | हृदय | | गुल्फ |
| | नाभि | | नाक |
| | पादाङ्गुष्ठ | | गला |
| | | | अक्षिदेश |
| **२. अपान्** | मेढ्र | **४. उदान** | सर्वसन्धि |
| | पायु | | पांव और हाथ |
| | उरु | **५. समान** | सम्पूर्ण शरीर |
| | वृषण | **६. नाग** | हड्डी एवं त्वचा आदि |
| | जानु | **७. कूर्म** | ,, |
| | जंघा | **८. कृकर** | ,, |
| | उदर | **९. देवदत्त** | ,, |
| | नाभिमूल | **१०. धनंजय** | ,, |

## १२ प्रत्याहार

## १३. धारणा

स्वामी चरणदास के अनुसार धारणाएँ पाँच प्रकार की हैं -

१. थम्भिणी  २. द्रवणी  ३. दहनी
४. भ्रामिनी  ५. शंखिनी

## १४. ध्यान

स्वामी चरणदास के अनुसार ध्यान तीन प्रकार के हैं -

१. पदस्थ ध्यान  २. पिंडस्थ ध्यान  ३. रुपस्थ ध्यान

## १५. समाधि

१. ज्ञानसमाधि  २. भक्तिसमाधि  ३. योगसमाधि

# APPENDIX

## 1. YAMA

Universal Moral Commandment
(According to Patanjali)

| | | |
|---|---|---|
| 1. | Ahimsā | Non Violence |
| 2. | Satya | Truth |
| 3. | Asteya | Non Stealing |
| 4. | Brahmacharya | Devotopn to the Ultimate |
| 5. | Aparigraha | Attitude of Non Possesivity |

(According to Swāmī Charandās)

| | | | |
|---|---|---|---|
| 1. | Ahimsā | 6. | Dhairya |
| 2. | Satya | 7. | Dayā |
| 3. | Asteya | 8. | Ārjava |
| 4. | Brahmacharya | 9. | Mitāhāra |
| 5. | Kṣamā | 10. | Śauca |

## II. NIYAMA

Vows (Ethical Disciplines)
(According to Patañjali)

| | | |
|---|---|---|
| 1. | Śauca | Cleanliness |
| 2. | Santoṣa | Contentment |
| 3. | Tapa | Austerity |
| 4. | Swadhyay | Self recitation |
| 5. | Īśvarpriṇidhāna | Worship of God |

(According to Swāmī Charandās)

| | | | |
|---|---|---|---|
| 1. | Japa | 6. | Siddhānt śravaṇa |
| 2. | Santosha | 7. | Lajjā |
| 3. | Āstikya | 8. | Dṛḍhamati |
| 4. | Dāna | 9. | Japa |
| 5. | Īśvarpūjana | 10. | Homa |

## III POSTURES (Āsanas)

(According to Gheraṇḍa Samhitā)

1. Siddhāsana
2. Padamāsana
3. Bhadrāsana
4. Muktāsana
5. Svastikāsana
6. Simhāsana
7. Śavāsana
8. Vajrāsana
9. Gomukhāsana
10. Vīrāsana
11. Dhanurāsana
12. Guptāsana
13. Matsyāsana
14. Matsyendrāsana
15. Govakṣāsana
16. Paśchimotānāsana
17. Utkaṭāsana
18. Sankaṭāsana
19. Mayurāsana
20. Kukkuṭāsana
21. Kurmāsana
22. Uttān-kūrmāsana
23. Mandukāsana
24. Vṛkṣāsana
25. Garuḍāsana
26. Śalabhāsana
27. Makrāsana
28. Uṣṭrāsana
29. Bhujaṅgāsana
30. Yogāsana
31. Ugrāsana
32. Vakrāsana

## IV PRANAYAMA (Breath Control)

| Pūraka | Kumbhaka | Recaka |
|---|---|---|
| Inhalation | Retention | Exhalation |

## ASTAKUMBHAKA

(PRĀṆĀYĀMA) (Eight Kumbhaka)

1. Surya-bhedana
2. Ujjāyī
3. Sītkāri
4. Sītali
5. Bhastrikā
6. Bhrāmarī
7. Mūrchā
8. Plāvinī

## KRIYĀS (Cleansing Processes)

1. Dhauti
2. Vasti
3. Neti
4. Trāṭaka
5. Nauli
6. Kapālabhāti
   - Vātakrama
   - Vyutkrama
   - Śītkrama

## VI. CHAKRA (with reference to Śiva Samhitā)

| Name of the Cakra | Place | Colour | Deity | Petals | Letters |
|---|---|---|---|---|---|
| 1. Mūlādhāra | Pelvic Region (Sacral Plexus) | Brunished Gold | Vishnu | Four | Va, Śa, Ṣa, Sa |
| 2. Svādhiṣ- | . Base of<br>ṭhāna<br>tive Or-<br>gan (Hyp-<br>ograstric<br>Plexus) | Bloodish<br>Genera- | Bala | Six | Ba, Bha,<br>Ma, Ya<br>Ra, La |
| 3. Maṇipūra | Naval<br><br>Plexus) | Golden<br>(Solai | Rudra | Ten | Ḍa, Dha,<br>Ṇa, Ta,<br>Tha,Da,<br>Dha, Na,<br>Pa, Pha |
| 4. Anāhata | Cardiac Plexus | Deep Blood red | Pinākī | Twelve | Ka, Kha,<br>Ga, Gha,<br>Ṅa, Ca,<br>Cha, Ja,<br>Jha, Ña,<br>Ta, Tha. |
| 5. Viśuddha<br>(Pharyn- | Throat<br>Golden<br>geal<br>Plexus) | Brilliant | Chāga-<br>lāṇḍa | Six-<br>teen | A, Ā, I,<br>Ī, U, Ū,<br>Ṛ, Ṝ, Lṛ,<br>E, Ai, O,<br>AU, Am,<br>Aḥ. |
| 6. Ājñā | Between the two Eyebrows (Cavernous-plexus) | White | Suklam-<br>ahakala | Two | Ha, Kṣa |

## VII. NĀḌĪS

**In general there are 72,000 Nāḍīs out of that 14 Nāḍīs are Important.**

| | | |
|---|---|---|
| 1. Suṣumnā | 2. Iḍā | 3. Piṅgalā |
| 4. Saraswati | 5. Kuhū | 6. Varaṇā |
| 7. Yaśasvinī | 8. Pūṣā | 9. Payasvinī |
| 10. Saṅkhinī | 11. Gāndhārī | 12. Hastijihvā |
| 13. Viśvodarā | 14. Alambuṣā | |

**Out of these, the following three are more Important**

| | | |
|---|---|---|
| 1. Suṣumnā | 2. Iḍā | 3. Piṅgalā |

**And the Most Important**

Suṣmnā

## VIII. BANDHA AND MUDRĀS

| | | |
|---|---|---|
| 1. Mahamudra | 2. Mahabanda | 3. Mahaveda |
| 4. Khechari | 5. Uddiyana | 6. Moolbanda |
| 7. Jālandhara | 8. Śakticālana | 9. Viprīta Karaṇi |
| 10. Sarvāṅgāsana | 11. Śirṣāsana | 12. Nabhomudrā |
| 13. Yonimudrā | 14. Māṇḍukīmudrā | 15. Śāmbhavīmudrā |
| 16. Aśvinīmudrā | 17. Pāśinīmudrā | 18. Kālīmudrā |
| 19. Mātaṅgimudrā | 20. Bhujaṅginīmudrā | 21. Śaṇmukhīmudrā |
| 22. Jñānmudrā āsana | 23. Jihvābandha | 24. Unmanī |
| 25. Brahmamudrā | 26. Vaiṣṇavīmudrā | |

## IX. TRIBANDHA
### (Three Bandha)

| | | |
|---|---|---|
| 1. Uḍḍiyāna bandha | 2. Mūla bandha | 3. Jālandhara bnadha |

## X. AṢṬA SIDDHI
### (Eight Siddhis)

| | | |
|---|---|---|
| 1. Aṇimā | 2. Mahimā | 3. Garimā |
| 4. Laghimā | 5. Prāpti | 6. Prākāmya |
| 7. Īśitva | 8. Vaśitva | |

## XI. VĀYU

| | Name | Region |
|---|---|---|
| 1. | Prāṇa | Kanda<br>Mouth<br>Nostrils<br>Heart<br>Naval<br>Big Toes |
| 2. | Apāna | Penis<br>Anus<br>Thigh & Scrotum<br>Calves, waist<br>Knees, Root of Naval |
| 3. | Vyāna | Between ears and eyes<br>Neck<br>Ankles<br>Nose<br>Throat<br>Region of the eyes |
| 4. | Udāna | All Joints<br>Hands and Feet |
| 5. | Samāna | The whole body |
| 6. | Nāga | Skin Bones etc. |
| 7. | Kūrma | ,, |
| 8. | Kṛkara | ,, |
| 9. | Devadatta | ,, |
| 10. | Dhanañjaya | ,, |

## XII. PRATYĀHĀRĀ
**(Withdrawal of senses)**

## XIII. DHĀRAṆĀ
**(Fixation, concentration)**

According to Swāmī Carandās there are five types of Dāraṇā

1. Thambhini
2. Dravani
3. Dahani
4. Bhrāminī
5. Śamkhinī

## XIV. DHYĀNA
**(Meditation)**

According to Swāmī Carandās there are three types of Dyāna

1. Padastha Dhyāna
2. Piṇḍastha Dhyāna
3. Rupastha Dhyāna

## XV. SAMĀDHI
**(Tranquility)**

1. Jñāna Samādhi
2. Bhakti Samādhi
3. Yoga Samādhi